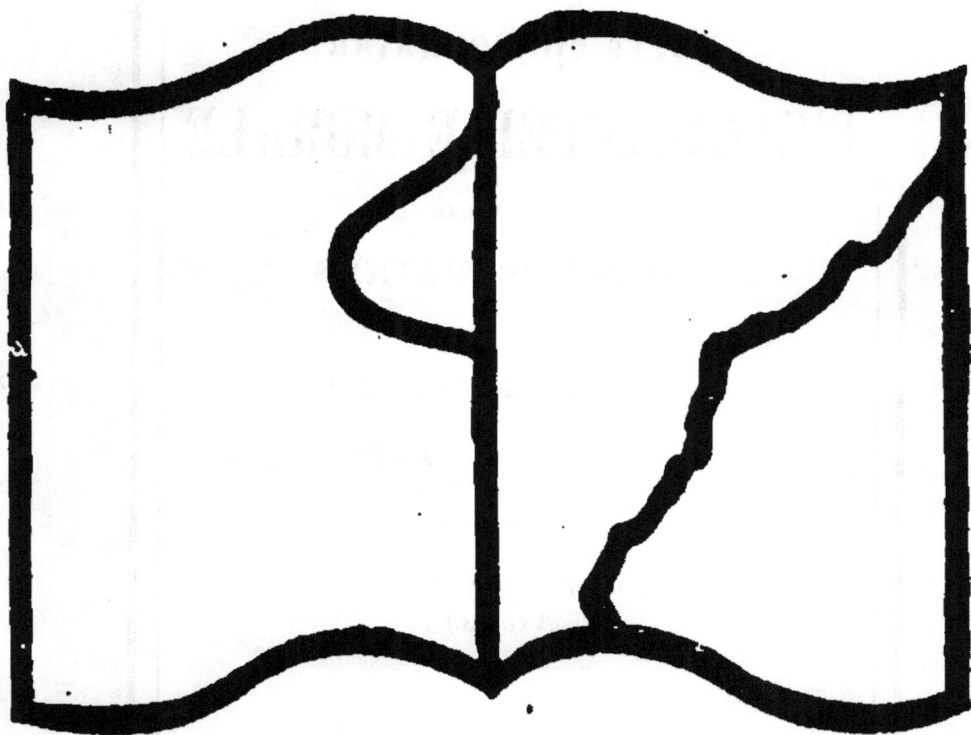

PETIT DICTIONNAIRE

D'ENCYCLOPÉDIE MORALE

A L'USAGE DES

ÉCOLES PRIMAIRES

PAR

AUGUSTIN BABIN

(Hors la charité point de salut).

PRIX : 75 CENTIMES
(Port en sus.)

PARIS

LIBRAIRIE SPIRITE

RUE DE LILLE

—

1878

PETIT DICTIONNAIRE
D'ENCYCLOPÉDIE MORALE

1

PETIT DICTIONNAIRE
D'ENCYCLOPÉDIE MORALE

A L'USAGE DES

ÉCOLES PRIMAIRES

PAR

AUGUSTIN DABIN

(Hors la charité point de salut).

PREMIÈRE ÉDITION

(in-32).

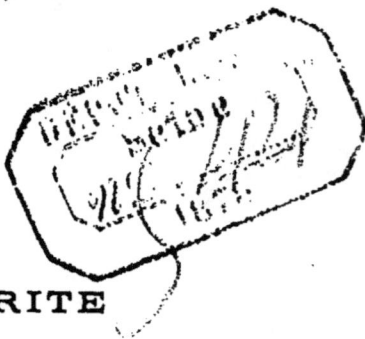

PARIS
LIBRAIRIE SPIRITE
RUE DE LILLE

1878

DÉDICACE

A MONSIEUR LE MINISTRE

DE

L'INSTRUCTION PUBLIQUE

Cher et vénéré Monsieur,

Ayant commencé la composition d'un humble écrit, qui, à ma connaissance, ne figure pas parmi tous les ouvrages classiques existant jusqu'à ce jour, lequel j'ai intitulé : *Petit Dictionnaire d'encyclopédie morale à l'usage des écoles primaires*, veuillez, je vous prie, si toutefois vous le jugez digne d'un tel honneur, avoir l'extrême obligeance de vouloir bien en accepter la *dédicace*, que je suis on ne peut plus heureux de vous offrir.

Veuillez agréer, Monsieur le Ministre, mes très-respectueuses salutations.

AUGUSTIN BABIN.

Boulevard de Port-Royal, 84.

INVOCATION

O mon DIEU! c'est avec la plus profonde humilité que j'entreprends la rédaction de ce faible écrit, dans le but d'être utile à mes semblables et d'obéir, par conséquent, à votre divine loi, par laquelle Vous nous recommandez de nous aider les uns les autres ; de faire à autrui ce que raisonnablement nous voudrions qui nous fût fait à nous-mêmes; enfin de nous aimer tous comme des frères, puisque nous sommes tous vos enfants : Loi adorable que Jésus-Christ, l'un de vos fils bien-aimés et notre bienfaiteur sur cette terre, enseigna aux hommes pendant son séjour parmi eux.

Ne pouvant rien sans Vous, soutenez-moi, SEIGNEUR, dans mon humble entreprise, afin que mon travail puisse être utile à mes semblables, que j'aime comme moi-même, par amour pour Vous, et auxquels je désire, de tout mon cœur et de toute mon âme, pouvoir offrir, également par amour pour Vous, un écrit qui puisse les soulager dans leurs peines, en leur inspirant toute confiance et tout espoir en Vous, qui, *Seul*, avez le pouvoir de donner à vos enfants : gloire et félicité.

Que votre volonté soit faite, ô mon DIEU !

PETIT DICTIONNAIRE
D'ENCYCLOPÉDIE MORALE

A L'USAGE DES

ÉCOLES PRIMAIRES[1]

———

ACTIVITÉ. *L'activité* est cette faculté que nous avons d'agir, d'être toujours occupés. De même que la paresse conduit à tous les maux, c'est par l'esprit d'industrie et par l'activité que les facultés de notre âme acquièrent un développement favorable. Si la vie de tant d'hommes est sans résultats utiles, on doit l'attribuer beaucoup plus à leur oisiveté et à leur inapplication qu'au défaut de capacité. Il est hors de doute que, pour

1. La suite de cet humble écrit (à peu près entièrement extrait de l'*importante Encyclopédie morale* de E. Loubens et du *Nouveau Dictionnaire universel* de Maurice Lachâtre), non encore achevé, finira de paraître au commencement de l'année prochaine 1879.

devenir utile à nos semblables, l'activité est ce
qu'il y a de plus nécessaire à acquérir. Il est
donc de la plus grande importance de donner
aux enfants des habitudes d'activité, d'application
et de persévérance. Il faut de bonne heure leur
faire sentir tout le prix du temps; leur montrer
que, comme en dépensant mal à propos des sous,
nous perdons bientôt des écus, de même en prodiguant les minutes, nous perdons, non-seulement
des heures, mais aussi des jours et des mois. Il
ne faut donc jamais permettre aux enfants de
rester oisifs, sous le frivole prétexte qu'ils n'ont
pas assez de temps pour entreprendre quelque
chose : car cette excuse n'est souvent qu'un
motif pour perdre les moments sans emploi posi-
tif, qui se trouvent en si grand nombre chaque
jour. C'est une erreur de croire que l'activité des
enfants ne doit être exercée que pendant l'heure
des leçons; les enfants peuvent être tout aussi
paresseux dans leur jeux que dans leurs études.
Nous devons donc avoir soin de leur faire employer utilement et agréablement le temps destiné à leurs récréations; la moindre apparence
d'un penchant à la nonchalance ou à l'humeur
doit être promptement réprimée. Un enfant ayant
ces mauvaises dispositions s'étendra sur une
chaise ou s'étendra par terre, pour ne pas se
fatiguer, en se mêlant aux jeux de ses camarades
plus actifs que lui; il cherchera de l'amusement
tantôt dans une chose, tantôt dans une autre,

sans en trouver dans aucune. — Disons, en terminant cet article, que vivre, ce n'est pas respi-
rer, mais agir; c'est faire usage de nos organes
et de nos sens, de nos facultés, de toutes les
parties de nous-mêmes, qui nous donnent le
sentiment de notre existence. L'homme qui a
le plus vécu n'est pas celui qui a le plus d'années,
mais celui qui a le plus senti la vie.

ADORATION. Le premier *culte* qui soit
agréable à DIEU, c'est d'être droit, juste, bienfaisant, de rester fidèle à sa parole, de sacrifier
sans hésitation et sans murmure son intérêt à son
devoir; de ne pas dégrader en soi par des lâchetés
ou des bassesses, le noble caractère de l'humanité; d'éviter avec scrupule toute occasion de
blesser les droits d'autrui; de chercher, au contraire, l'occasion de se sacrifier au bonheur de
ses semblables; de se faire un cœur bienveillant
pour toutes les créatures de DIEU, et de laisser
après soi des exemples de vertu et un souvenir
sans tache. Mais suffit-il, pour honorer DIEU,
de se montrer fidèle à sa loi en faisant le bien?
A côté de ce premier de tous les devoirs, n'y en
a-t-il pas un autre plus spécial et dont nous ne
saurions nous affranchir sans crime?

La reconnaissance ne doit pas être muette;
elle doit se produire par des actes. Il y a quelque
chose qui choque la conscience, dans le spectacle
d'un homme qui ne cherche pas toutes les occa-

sions de montrer sa reconnaissance à son Bienfaiteur; de même il ne se peut qu'étant les enfants de DIEU, on n'entend pas sur nos lèvres le
nom de notre Père céleste. Il ne faut pas dire
que DIEU n'a pas besoin de nos respects, car la
grandeur du *Bienfaiteur* ne nous affranchit pas
de nos obligations. Il est dans l'ordre que nous
Lui témoignions notre reconnaissance, quoiqu'il ne puisse rien résulter à l'égard de Lui,
de notre reconnaissance ou de notre ingrati-
tude.

A ce premier motif, il en faut joindre un autre :
c'est qu'inutile pour Lui, notre reconnaissance
est profitable pour nous. Tout sentiment conforme
à l'ordre est sanctifiant. La piété envers DIEU
nous donne de nouveaux motifs d'aimer le bien
et de le pratiquer, et elle-même est un moyen de
nous rendre le bien plus facile à accomplir. Tous
les élans d'une âme pieuse s'élevant vers DIEU,
sont en même temps des aspirations vers la vertu,
et elle ne peut pas accomplir un seul acte d'adoration, sans se rappeler la nécessité d'obéir toujours au devoir, pour être toujours digne d'adorer DIEU. — Pour de nombreux renseignements
se rapportant à l'adoration, consulter le l. III,
ch. II, de notre *Philosophie spirite.*

AFFABILITÉ. *L'affabilité* est une manière
de se placer sans trop de familiarité au niveau
de nos inférieurs; elle est toujours l'effet et la

preuve d'un bon cœur, et c'est la vertu la plus propre à nous concilier l'affection d'autrui.

Accoutumez-vous à montrer de la bonté pour vos domestiques: il faut les regarder comme des amis malheureux; songez donc que l'extrême différence qui existe entre vous et eux est, pour vous, une épreuve qui vous impose d'impérieux devoirs bienveillants et fraternels; ne leur faites point sentir leur état; n'appesantissez pas leurs peines, rien n'est si bas que d'être haut avec ce qui nous est soumis. Aimez l'ordre et tempérez le sérieux qui vous convient, comme maître, par la douceur et l'affabilité envers ceux qui vous servent; souvenez-vous toujours que, comme hommes, ils vous sont égaux; et que presque toujours les mauvais maîtres font les mauvais serviteurs.

Sommes-nous en droit de vouloir nos domestiques sans défauts, nous qui leur en montrons tous les jours? Il faut savoir en souffrir; quand nous leur montrons de l'humeur, de la colère, ne nous ôtons-nous pas le droit de les reprendre? Puisque nous ne sommes pas nous-mêmes sans défaut, la justice nous fait un devoir obligatoire de souffrir ceux de nos serviteurs. Au surplus c'est un acte de charité que nous nous devons réciproquement.

AFFECTION. L'*affection* est synonyme de bienveillance, amitié, tendresse; c'est un senti-

ment d'amour, d'attachement, de préférence pour
quelqu'un ou pour quelque chose. Les moyens
à employer pour y disposer les enfants sont les
suivants : il faut avoir pour leur bien-être des
attentions soutenues et toujours raisonnables. —
Les traiter différemment suivant leur âge. —
Faire en sorte qu'ils aient besoin les uns des
autres. — Leur indiquer les meilleurs moyens
de se faire de vrais amis. — Leur créer des
relations capables de se transformer en amitiés
réelles. — Leur témoigner soi-même de l'affection, mais sans feindre la bienveillance. — Montrer aux enfants qu'on les aime malgré leurs
défauts. — Ne pas les efféminer. — Ne pas
exiger trop longtemps une soumission absolue. —
Ne pas montrer de préférences. — Tenir un langage enjoué, mais jamais léger, accompagné d'un
grand respect pour les enfants. — Donner des
marques de bontés. — Prendre part aux joies et
aux peines enfantines, sans exagérer sa sympathie. — Témoigner pour les fautes autant d'in-
dulgence que possible, sans tomber dans la
faiblesse. Tels sont les meilleurs moyens à employer.

AFFÉTERIE. L'*afféterie* consiste dans l'affectation des manières et du langage. Combien ne
voyons-nous pas de jeunes gens qui veulent vivre
de la vie du monde, et qui, convaincus que la
société des femmes est bonne à quelque chose,

et bien décidés à la rechercher, sont résignés
d'avance à se façonner au ton et aux habitudes
de la meilleure compagnie. Mais, puisqu'il nous
faut critiquer, nous nous permettrons de dire que
généralement on leur tient compte de l'intention,
à ces bons jeunes gens en humeur de rechercher
les suffrages, seulement on ne les admire pas
absolument dans la manière dont ils s'y prennent.
La raison en est simple : c'est parce que le tail-
leur, le coiffeur, la dernière mode, les gants
paille et les souliers vernis tiennent, à notre
sens, beaucoup trop de place dans leur prépara-
tion; on voit trop que parler aux yeux, faire de
l'effet par les choses de l'extérieur, c'est pour
eux la grande affaire, l'élément capital du succès
et presque le succès lui-même. Première et grosse
erreur que nous nous permettons de relever.
Les femmes, qui bien souvent pour leur propre
compte sacrifient trop à la forme, n'aiment pas
à rencontrer chez les hommes une émulation de
cette sorte. L'afféterie dans leur sexe les ramène
au goût de la simplicité; il leur semble qu'on
les rabaisse, en se donnant pour leur plaire les
mérites d'une belle poupée; et alors elles scrutent
malicieusement le personnage, et gare qu'elles
ne finissent par décocher en souriant ce trait
dont on ne se relève guère : « *Belle tête, mais de
cervelle point!* »

AISANCE. L'*aisance* consiste dans la facilité,

la liberté d'esprit et de corps dans le travail,
dans les mouvements, dans les manières, dans
le commerce de la vie; autrement dit dans la
liaison naturelle qui paraît entre les choses
qu'on fait, et une certaine disposition d'esprit
conforme aux circonstances du temps, des lieux,
des personnes, qui ne peut jamais manquer de
plaire. On aime généralement une humeur douce,
civile et obligeante. Tout le monde est charmé
d'un esprit aisé, maître de lui-même et de toutes
ses actions; qui, sans être ni bas ni rampant,
est exempt de fierté et d'insolence, et n'est entaché
d'aucun défaut grave. On se plaît aussi aux
actions qui partent naturellement d'un esprit si
bien fait, on les regarde comme de vraies marques de cette aimable disposition intérieure; et
comme ces actions en découlent, pour ainsi dire,
de source, elles sont naturelles et sans aucun
mélange de contrainte. C'est en cela que consiste,
à notre avis, l'agrément qui éclate dans les actions de certaines personnes, lequel donne du
lustre à tout ce qu'elles font, et leur gagne le
cœur de tous ceux qui les approchent; autour
d'elles, enfin, règne la plus grande sympathie.

ALIMENTATION. L'*alimentation* est la manière de se nourrir, laquelle a une très-grande
influence sur notre santé corporelle; d'où naturellement suit la conséquence, que nous avons
tous intérêt à bien nous nourrir. Mais, pour bien

se nourrir, remarquons d'abord que les aliments consommés servent à deux usages distincts : 1^b *Produire la chaleur, nécessaire à l'entretien de la vie* (cette première utilité des aliments s'appelle : *principe calorifique*); 2° *réparer les pertes* subies à chaque instant par l'exercice même des fonctions vitales (second principe s'appelant : *principe réparateur*). Ce sont donc ces deux principes qui *seuls* peuvent entretenir la santé du corps, à la condition, bien entendu, d'être convenablement répartis dans notre nourriture ; laquelle répartition est la suivante, pour le travailleur : 310 grammes de *principe calorique* et 130 grammes de *principe réparateur*.

Donnons maintenant le nom de quelques aliments les plus ordinaires, avec leur contenance de l'un et de l'autre de ces deux principes :

	Principe réparateur.		Principe calorifique.
100 grammes de pain fournissent	8 grammes	—	30 grammes.
100 — de viande sans os.	20	—	11
100 — de fèves.	30	—	40
100 — de riz.	7	—	43
100 — de gruau d'avoine.	12	—	41

Il résulte de ces chiffres, que *seize cent vingt-cinq* grammes de pain seraient nécessaires pour qu'un homme absorba par jour 130 grammes de *principe réparateur*. Or, cette quantité de pain introduirait dans l'économie du corps humain 487^g,5^d de *principe calorifique*, soit 177^g,5^d de

2

trop, etc. — Deux remarques importantes sont à
faire ici, lesquelles se rapportent à la variation
de la nourriture d'abord, puis ensuite à la complète mastication des aliments ; elles sont toutes
les deux absolument indispensables, hygiénique-
ment parlant.

AMBITION. L'émulation portée au delà des
limites raisonnables est la racine de l'ambition ;
car elle produit le désir d'être premier, et le désir
d'être premier n'est autre chose que l'ambition,
qui se partage, suivant les positions et les caractères, en ambition *positive* et *négative*, d'où cou-
lent tous les maux de la vie sociale. En veut-on
la preuve ; la voici :

L'ambition *positive* engendre l'amour de la
louange, des prérogatives personnelles et exclu-
sives pour soi et pour son corps, le désir des
grandes propriétés en dignités, en terres et en
emplois ; enfin, elle produit l'avarice, cette ambition tranquille de l'or, par où finissent tous les
ambitieux. Mais l'avarice seule traîne à sa suite
une infinité de maux, en ôtant aux citoyens les
moyens de subsister ; et produit, par une réaction
nécessaire, le matérialisme, les vols, la dureté,
le mensonge... L'ambition *négative* engendre à
son tour la jalousie, les médisances, les calom-
nies, les querelles, les procès, les duels, l'into-
lérance. — De tout ce que nous venons de dire,
nous devons en conclure que l'ambition est l'un

des plus grands vices de notre humanité, et celui,
par conséquent, dont tout homme prudent et
sage doit le plus se garantir, tant dans son intérêt personnel, que dans l'intérêt de la société
tout entière.

AME. Le mot *âme* ayant une acception très-
étendue, nous ferons observer ici qu'au point de
vue du Spiritisme, ce mot en a trois qui sont
essentiellement différentes entre elles, ce sont :
l'*âme vitale*, pour le principe de la vie matérielle ;
l'*âme intellectuelle*, pour le principe de l'intelligence ; et l'*âme spirituelle*, pour le principe de
notre individualité après notre mort matérielle.
D'après cela, l'*âme vitale* serait commune à tous
les êtres organisés : plantes, animaux et hommes ; l'*âme intellectuelle* serait le propre des animaux et des hommes ; enfin l'*âme spirituelle*
appartiendrait à l'homme (1) seul. C'est de cette
dernière dont il va être question dans ce qui va
suivre.

L'*âme* est le principe intelligent qui anime les
Êtres qui composent l'espèce humaine, leur
donne la pensée, la volonté et la liberté d'agir.
Elle est *immatérielle, individuelle et immortelle.*

1. AVIS TRÈS-IMPORTANT. — Le mot homme, dans cet article,
comme dans un très-grand nombre d'autres articles qui sui-
vront (ce sera aux *Lecteurs eux-mêmes de les apprécier*),
est pris dans son sens *générique* comprenant les deux sexes,
autrement dit l'homme et la femme.

Unie à l'enveloppe fluidique éthérée ou périsprit, elle constitue l'Être spirituel concret, défini et circonscrit, appelé Esprit. L'Esprit uni au corps matériel, par l'incarnation (*voir* ce mot), constitue l'homme ; de sorte qu'en l'homme il y a trois choses : l'âme proprement dite, ou principe intelligent ; le périsprit ou enveloppe fluidique de l'âme ; le corps ou enveloppe purement matérielle. L'âme est ainsi un Être simple ; l'Esprit un Être double, composé de l'âme et du périspérit ; l'homme un Être triple, composé de l'âme, du périsprit et du corps. Le corps séparé de l'Esprit est une matière inerte ; le périsprit séparé de l'âme est une matière fluidique, sans vie et sans intelligence, mais pouvant cependant être doué de vie par son union avec le principe vital. L'âme est le principe de la vie intelligente, spirituelle et morale de l'homme ; tandis que le principe vital est le principe de la vie matérielle, commun à tous les êtres animés de la création. C'est donc à tort, que quelques personnes ont prétendu que, en donnant à l'âme une enveloppe sémi-matérielle, le Spiritisme en faisait un Être matériel... — Pour de très-nombreux renseignements sur l'*âme*, consulter notre *Philosophie spirite*, l. I, ch. II et III ; ou bien, encore, notre *Catéchisme universel*, pages 158 et suivantes.

AMENDEMENT. L'*amendement* est la progression dans le mieux, tout en se corrigeant des défauts que l'on reconnaît avoir. Il n'y a pas de légèreté et moins encore de lâcheté, à revenir d'une erreur qu'on reconnaît et qu'on déteste ; il faut avouer ingénument qu'on n'a pas bien vu, qu'on s'est trompé. Persister, en pareil cas, ne peut être que l'effet d'un sot orgueil. C'est sans doute un grand mal que d'avoir des défauts, mais ce serait encore un plus grand mal de refuser de s'en corriger, lorsqu'on les connaît ; car, dans ce cas, l'on court à sa perte. En effet, il vient un temps où ils sont tellement enracinés, qu'il est presque impossible ensuite de pouvoir s'en défaire. Tel est un jeune plan que l'on arrache, avec facilité et même d'une seule main, la première année de sa plantation ; la seconde année, il faut mettre les deux mains, et encore est-ce avec beaucoup de peine qu'on réussit à l'arracher ? enfin, la troisième année, les racines du jeune plan se sont tellement fortifiées, qu'il nous est plus possible de pouvoir l'arracher avec les mains. Ainsi en est-il de nos défauts, lorsque nous n'avons pas le bon esprit de nous en corriger en temps convenable.

AMITIÉ. L'*amitié* est une inclination fortifiée par l'habitude, qui porte deux personnes à travailler réciproquement à leur bonheur mutuel. Les plaisirs, les avantages de l'amitié ont été longuement célébrés par les meilleurs moralistes, tant anciens que modernes. Malgré cela, à la honte de notre pauvre humanité, nous sommes forcé d'avouer que la maxime suivante, aussi vieille que le monde, a aujourd'hui encore sa raison d'être. Cette maxime la voici : « Rien de plus commun que le nom d'ami, rien n'est plus rare que la chose. »

Tous les hommes parlent de l'amitié, et presque tous profanent ce nom, en le prodiguant à des liaisons d'un jour. La moindre conformité de goût et d'inclination rapproche les caractères opposés. Dans la ferveur de ces unions naissantes, on voit en ses amis tout ce qu'on voudrait qu'ils fussent ; mais bientôt l'illusion se dissipe et l'on éprouve le vif chagrin de voir qu'on s'est trompé ; chagrin qui, fort souvent, rend l'âme inconsolable et la porte, ensuite, à renier toute amitié ; ce qui, certainement, est le plus grand malheur qui puisse lui arriver.

La véritable amitié ne comporte pas seulement la conformité de goût et d'estime, mais le respect ; il faut que l'on sente, jusque dans les épanchements de l'intimité, la présence et la dignité de la vertu.

L'amitié ne cherche pas l'égalité, mais elle la produit. Elle met tout en commun entre les amis : la fortune, les qualités de l'esprit, les sentiments du cœur. Quoiqu'elle se manifeste ordinairement par un échange constant de bons offices, ce n'est pas en vue de l'utilité qu'elle est formée, c'est par un penchant naturel qui nous attire l'un vers l'autre, et qui nous fait trouver notre bonheur dans le repos, la sécurité et l'intimité de cette liaison. Elle se fortifie doublement par l'habitude, parce que cette vie que nous associons à la nôtre nous apporte, comme en héritage, toutes ses joies, toutes ses douleurs.

On ne peut dire si un ami nous est plus nécessaire dans la bonne ou la mauvaise fortune; dans la mauvaise, pour nous consoler; dans la bonne, pour nous avertir. C'est un témoin à la fois bienveillant et austère, car c'est notre conscience personnifiée et rendue visible, dont les conseils doivent être donnés avec fermeté et reçus avec douceur. Nous offensons l'amitié, quand nous prostituons ce nom aux liaisons éphémères du monde. Ces relations superficielles ne nous donnent que des flatteurs ou des compagnons, pas un ami. Sans aucun doute, tout le monde veut des amis, ce qui nous paraît très-louable et très-naturel, mais très-peu de gens ont le discernement nécessaire pour les choisir ou les qualités propres à les fixer.

Soyons juste et disons que, pour mériter des amis, il faut être fidèle soi-même aux devoirs de l'amitié. Avez-vous soigneusement rempli tous ces devoirs? Avez-vous partagé les plaisirs et les peines de votre ami? Lui avez-vous prêté, dans son infortune, les secours qu'il était en droit d'attendre de votre attachement? Avez-vous défendu avec chaleur les intérêts de sa réputation,

quand elle était attaquée? Avez-vous été au-
devant de ses besoins, quand il était dans la dé-
tresse? Avez-vous, dans vos bienfaits, ménagé
la délicatesse de son cœur? Si, oui! vous avez
acquis le droit d'attendre de sa part un attachement inviolable; vous avez celui de vous plaindre, dès qu'il a la bassesse de vous tromper ou
de vous abandonner...

AMOUR CONJUGAL. L'amour *conjugal*
peut être *matériel* et moral. Quant au premier,
qui est purement physique et commun à toutes
les créatures vivantes, nous n'en parlerons pas.
Pour ce qui est du second, nous ferons remarquer qu'il consiste dans la pure et véritable amitié, celle où l'on peut dire d'elle : *que ce sont
deux âmes dans le même corps.* Alors, dans ce
cas seulement, l'on peut dire que l'amour conjugal est réellement moral. Mais nous le disons
ici, avec une profonde affliction, de telles unions
sont, hélas! excessivement rares dans notre
pauvre humanité, encore bien arriérée moralement parlant.

AMOUR DE DIEU. L'amour *de DIEU,* est
l'amour moral porté à sa dernière limite de pureté; c'est cet amour divin que toute Créature
humaine, un peu sensée, doit éprouver pour
DIEU *Seul,* et cela, de la manière la plus absolue.
— Pour de nombreux et très-importants ren-

seignements à l'égard de l'amour de DIEU, consulter le l. I, ch. II du *Guide du Bonheur*.

AMOUR DE SOI. L'*amour de soi* est un sentiment inné que chaque *être animé* apporte avec lui en naissant, et dont il subit l'influence toute sa vie. C'est ce sentiment qui assure sa conservation; sans lui, l'individu périrait promptement. En effet, indifférent à tous les accidents qui pourraient lui arriver, il ne prendrait aucune précaution pour s'en garantir, et inévitablement il périrait. Nous ferons remarquer que ce sentiment existe chez la brute dans toute son intensité. Elle n'y déroge guère que dans deux cas: l'un, c'est lorsque la mère (le père rarement) se sacrifie pour ses petits, obéissant alors à un autre sentiment auquel l'assujétit invinciblement la nature, celui de la conservation de l'espèce, qui l'emporte alors sur le sentiment individuel; l'autre cas, est celui où le cheval et le chien, par exemple, affronte le péril et brave la douleur; le premier, formé à ce courage aveugle par l'éducation; l'autre, entraîné souvent par l'attachement pour son maître. Encore peut-on dire que, chez l'un et chez l'autre, l'instinct primitif est la base de ces deux qualités...

Chez l'Être humain-*seul*, l'amour de soi se règle par la raison, se réduit à ce qui est indispensable pour atteindre le but de conservation posé par la nature. Chez lui, l'amour pour ses enfants n'est pas seulement l'effet d'un instinct, dont la durée est limitée aux besoins de ceux-ci, c'est une tendresse à la fois réfléchie, prévoyante et durable. Si quelque circonstance exige de lui le sacrifice de son existence, il consomme ce sacrifice non pas passivement, entraîné par la seule force de l'éducation, comme l'animal, mais avec la conviction de ce qu'il fait, mais poussé et soutenu par l'idée qu'il accomplit un devoir...

AMOUR FRATERNEL. L'*amour fraternel* est humain et spirituel. Le premier découle de cette douce et fraternelle pensée : matériellement nous sommes de la même origine, nous avons été reçu dans le même berceau, nous avons donné aux mêmes parents le doux nom de père et de mère ; pour nous ils ont fait les mêmes vœux. — Nous ferons remarquer ici, qu'une recommandation très-importante s'impose au premier-né, laquelle est la suivante : c'est qu'il est essentiellement de son devoir d'écouter, avec une attention toute particulière, les instructions de ses père et mère, d'abord pour en profiter lui-même, puis ensuite pour en faire profiter le frère ou la sœur qu'il est susceptible d'avoir. Cette recommandation est d'autant plus importante, qu'on peut dire que l'éducation du second enfant dépend en grande partie de celle du premier. Nous avons dans nos campagnes de sérieux exemples qui sont à l'appui de cette vérité, lesquels existent également dans les familles peu fortunées des villes. La raison en est simple : c'est parce que le pauvre est dans l'obligation d'utiliser cette affection toute naturelle, pour pouvoir vaquer à ses travaux qui, pour lui, sont le gagne-pain de la famille. Aussi voit-on souvent, dans les familles pauvres, l'aîné bercer son petit frère, quoiqu'à peine plus âgé que lui ; plus tard, il le recouvre de son habit de laine, s'ils se rendent à l'école ensemble par un jour pluvieux ; une autre fois, il se placera devant lui pour le mieux rassurer, si quelque danger les menacent en route. Ce sont là des faits entre mille autres qui révèlent la tendresse naturelle de la fraternité matérielle (1). En outre de cela, nous ferons remarquer que la bonne conduite de l'aîné a toujours une très-grande influence sur le plus jeune et peut même, quelquefois, modifier en lui certains sentiments innés plus ou moins défectueux, et *vice versâ*

1. Nous ferons remarquer ici que ce genre de fraternité n'existe que dans les mondes matériels, et n'a plus sa raison d'être dans la vie spirituelle qui nous attend au sortir de celle-ci, ce qui, naturellement, n'empêchera pas l'amitié sincère qui nous unit ici-bas de se continuer dans le monde des Esprits, où l'on ne connaît qu'une *seule* et *unique* parenté pour tous, laquelle doit être *éternelle : la parenté spirituelle*, dont nous parlerons tout à l'heure. — Pour avoir des preuves irréfutables de ce que nous venons de dire, consulter : le *Livre des Esprits* d'Allan Kardec, ou bien encore notre *Philosophie spirite*, qui en est un extrait.

dans le cas contraire. C'est pourquoi les parents
sont ordinairement très - heureux , lorsqu'ils
peuvent donner l'aîné non-seulement pour guide,
mais pour exemple au cadet. Il leur est toujours
pénible de dire : « Ne fais pas comme ton
frère » ; tandis qu'ils sont au comble de la joie,
toutes les fois qu'ils peuvent dire le contraire,
sachant parfaitement que c'est le meilleur moyen
pour l'engager à bien faire.

Quant à la fraternité spirituelle, nous ferons
remarquer ceci : c'est que toute flamme a son
foyer, toute lumière a son centre, comme
l'amour fraternel que nous éprouvons pour
autrui, quel qu'il soit, n'est que le rayonne-
ment qui réchauffe et éclaire la vie. Nous en
portons le principe en nous-mêmes, même avant
la naissance corporelle. Il demande de bonne
heure à s'épandre au dehors, et, au sein même
de la famille matérielle, il trouve un aliment
qui le développe et le fortifie assez pour qu'en
sortant de ces premières limites, il finisse par
embrasser l'humanité tout entière ; comme ces
plantes vigoureuses qui, après avoir étreint le
tronc de l'arbre, trouve, dans cette étreinte, la
force de projeter des rameaux, qui bientôt en-
lacent jusqu'aux plus faibles branches.

Nier que l'amour fraternel soit inhérent à la
nature spirituelle , c'est méconnaître un des
plus grands bienfaits de la PROVIDENCE, c'est
refuser de penser à la source de ce qu'il y a de

meilleur dans la vie. Quand nous ressentons,
dans toute sa plénitude, le bonheur d'être unis
par la fraternité du sang, nous croyons mieux
encore à cette autre fraternité céleste qui nous
dit : que, comme enfant d'un même DIEU, nous
nous devons tous par cela *seul* aide et protection, et, en même temps, nous considérer
tous comme de vrais frères. C'est évidemment
ce qui aura lieu un jour sur notre globe terrestre, et cela peut-être plus tôt que nous ne
pensons généralement. En effet, le projet depuis
longtemps formé des États-Unis d'Europe, et si
chaleureusement désiré par tous les cœurs généreux, est sans aucun doute destiné à se réaliser
un jour. Alors, à cette époque, notre humanité
terrestre pourra dire, qu'elle aura fait un pas
immense dans la voie de la fraternité humanitaire terrestre, qui est une partie excessivement
infime de la fraternité universelle, comprenant
les incarnés et les désincarnés de l'immensité
sans fin.

AMOUR MATERNEL. L'amour *maternel*,
ce sentiment à la fois si pur et si tendre, et d'un
dévouement à toute épreuve, n'est pas malheureusement à l'abri d'une âme expansive et d'une
ardente imagination. En effet, chacun de nous a
son système et trace le sentier qui doit le conduire au bonheur, mais combien d'esprits
éclairés qui s'égarent ! Combien de cœurs ai-

mants et généreux qui se fourvoient. Ainsi, par exemple, telle mère qui, par une austérité prudente et des privations justement imposées fait quelquefois douter de sa tendresse, devient souvent plus chère à ses enfants et contribue plus efficacement à leur félicité, que cette autre mère dont la faible complaisance prévient jusqu'aux moindres désirs des siens, les entoure de nombreuses jouissances qui les rassasient, les fatiguent et les désenchantent le reste de leur vie. Aussi pouvons-nous dire : que la plus grande preuve d'amour maternel d'une mère pour ses enfants, ne consiste pas à chercher à satisfaire tous leurs caprices ; elle consiste, au contraire, à leur infliger (et cela toujours à propos) quelques punitions salutaires, ayant essentiellement pour but de les corriger de petits défauts, qui quelquefois font sourir, mais qui sont destinés à grandir avec l'âge de l'enfant et que, plus tard, il n'est plus possible de corriger. Alors, la malheureuse mère, qui primitivement en avait souri, est inévitablement susceptible, par la suite, d'en éprouver des remords bien vifs et bien cuisants, en reconnaissant la triste et regrettable influence qu'ils ont sur la vie entière de son enfant, et cela sans pouvoir porter aucun remède au mal dont elle se reconnaît être l'auteur. — *Avis aux mères de famille qui ont une tendance de faiblesse exagérée pour les enfants.*

AMOUR PATERNEL. L'*amour paternel* est ce sentiment naturel qui porte tous les hommes à aimer et à chérir leurs enfants, au point même de s'imposer de grandes privations, dans leurs intérêts. Celui qui, entraîné par les passions de toutes sortes (principalement la passion de boire, qui conduit à l'ivrognerie), éteint en lui ce sentiment naturel et obligatoire, est réellement plus à plaindre qu'on ne pense généralement ; car, non-seulement il s'abaisse au-dessous de la brute elle-même et par conséquent perd sa qualité d'homme ; mais encore, en dehors de cette vie, il aura à répondre d'une faute aussi monstrueuse, laquelle lui fera éprouver les remords les plus cuisants, et cela d'autant plus longtemps, que sa faute aura été plus complète. Alors, tout ce temps-là, la vie spirituelle sera *pour lui,* un véritable enfer. — *Avis aux pères coupables.*

AMOUR - PROPRE. On appelle *amour-propre,* ce sentiment personnel à l'*homme,* qui le porte à faire valoir les qualités qu'il a ou qu'il croit avoir dans la sphère où il gravite ; c'est le sentiment que l'homme a de sa dignité, la conscience qu'il a de sa valeur. L'amour-propre, né avec l'homme, devient presque toujours la base de ses actions ; c'est l'amour-propre qu'il a pris pour conseiller. Aussi, dit-on ordinairement d'un homme qui a de l'amour-propre : « Cet homme a trop d'amour-propre pour se rendre coupable d'une bassesse ». Nous devons donc reconnaître que dans le monde, il faut à l'homme de l'amour-propre ; mais pas trop cependant, car, alors, l'amour-propre deviendrait orgueil, qui est l'un des défauts les plus grands qui existent, étant l'ennemi juré de toute bienveillance, de toute charité et bien plus encore de toute *fraternité*, sans laquelle aucune bonne société ne peut exister. Mêmes observations pour la femme.

ANTIPATHIE. L'*antipathie* n'est pas autre chose qu'une aversion irréfléchie, une répugnance naturelle et sans cause apparente qu'on éprouve, soit pour une personne, soit pour un animal, soit pour une chose quelconque. Ce sentiment peut être de deux sortes : ou il naît de l'épreuve que nous avons faite, de l'expérience acquise, d'une espèce de prévision de résultats fâcheux que nous voulons éviter ; ou bien il n'a point de cause déterminée, il nous domine malgré nous, et il reste toujours pour nous aussi inexplicable, que la prédilection que nous sentons souvent pour des individus qui ne le méritent pas. — On sait aujourd'hui que l'*antipathie* et la *sympathie* doivent être fondées sur des relations remontant à des existences précédentes et dont l'âme conserve le sentiment dans une nouvelle réincarnation (*voir ce mot*), ce qui les rend purement instinctives. Mais, nous le

dirons ici, avec une entière conviction, instinc-
tive ou non, nous devons toujours, dans notre
propre intérêt, chercher à combattre autant que
possible la première, tant que nous n'avons pas
de preuves convaincantes qu'elle a sa raison
d'être. Quant à la seconde, nous devons toujours
l'accepter avec empressement, sans négliger
pour cela une prudence toujours nécessaire en
pareil cas, car il peut arriver quelquefois qu'elle
ne soit que factice...

ASCÉTISME. On peut définir, *l'ascétisme* :
une sensibilité qui s'exerce sur les choses religieuses et sur les pratiques du culte pour y
trouver une sorte de poésie sacrée, ainsi que
des émotions douces et tendres. Naturelle à
toutes les âmes exaltées, cette sensibilité est
ordinairement développée par une éducation rigide, par une vie trop retirée ou par une impulsion secrète donnée à la conscience ; impulsion
quelquefois mal éclairée, et surtout le plus souvent mal comprise.

Bien que cette disposition soit des plus
louables, en ce sens qu'elle tend à établir un
lien intime entre la Créature et le CRÉATEUR,
différente cependant de la véritable piété, elle ne
saurait être ni un refuge assuré contre les passions, ni une base solide de vertu.

Pour quiconque veut y réfléchir, il est évi-
dent que cette piété factice, née de la fermen-

3

tation des idées, du besoin naturel d'aimer et de l'ignorance du monde, se dissipe au moindre souffle des choses réelles, et qu'elle entraîne après soi un besoin impérieux d'émotion qui veut être satisfait à tout prix; ce qui l'amène ensuite à accepter des croyances qui n'ont pas leur raison d'être.

C'est d'une éducation saine, substantielle, éclairée et vigilante, que peut découler pour la jeunesse le sentiment profond de la religion, sentiment dont le trait distinctif est de s'infuser dans toutes les pensées, la pure et véritable piété; celle qui nous porte à adorer, de toutes les forces de notre âme, un DIEU *unique*, *éternel*, *immuable*, *immatériel*, *tout-puissant*, souverainement *juste* et *bon*. Infiniment mieux que la quiétude ascétique, une telle piété fortifie l'âme par une action intérieure, incessante, et donne une foi sincère en la croyance des vérités immuables; elle nous donne encore l'intelligence de nos devoirs, le courage, l'énergie nécessaire dans nos luttes présentes et enfin l'espoir fondé d'un bonheur à venir. La piété purement contemplative, au contraire (qui est celle de l'ascétique et du cénobite, deux sectes qui se ressemblent), fait de l'homme un Être nul à l'égard de la société. C'est un mort anticipé vivant dans son suaire.

ASSIDUITÉ. L'*assiduité* consiste dans l'ap-

plication continuelle à une chose quelconque,
soit travail matériel, soit travail spirituel. C'est
par l'assiduité que le savoir s'acquiert et qu'on
peut espérer d'atteindre un but désiré. Comme
preuve de ce que nous venons de dire, nous
pouvons citer notre grand naturaliste Buffon qui,
tout jeune encore, s'était dit qu'il deviendrait un
jour un savant naturaliste et un grand écrivain.
Il s'imposa dès lors de travailler chaque jour,
sans que rien ne pût l'en détourner, un certain
nombre d'heures ; et cette règle, il l'a invariablement suivie pendant *cinquante ans* au moins.
Cependant il avait *vingt-cinq ans* quand il com-
mença ce genre de vie ; il habitait Paris, il était
riche, il était homme du monde et tous les
plaisirs venaient au-devant de lui. N'importe,
pour maintenir sa règle, il sut résister à tout.
Et voilà comment il est devenu le grand Buffon.

ASSOCIATION. L'*association* est une tendance qui porte les hommes à s'unir entre eux
pour se soutenir dans toutes les difficultés de la
vie, et, comme tout le monde le sait, ces difficultés sont nombreuses et pénibles pour tous,
tout en l'étant plus ou moins pour chacun. Heureux est celui pour qui elles sont les plus nombreuses et les plus pénibles, s'il a le bonheur de
les vaincre avec une extrême prudence, autrement dit conformément à la morale la plus
pure, et, dans le cas contraire, de les supporter

avec calme et résignation, sans diminuer en quoi que ce soit ses sentiments religieux ; car, alors, son bonheur spirituel est assuré.

Nous ferons remarquer que la tendance à l'association est innée avec la Créature humaine, comme cela existe, du reste, pour tous les *êtres vivants ;* preuve évidente que DIEU ne l'a pas destinée à une existence isolée. La raison en est simple : c'est parce que la Créature humaine se conserve et se développe selon sa nature, dans la société, par l'union avec ses semblables, et que leur union générale doit former, un jour, la famille universelle, que nous devons travailler sans cesse à constituer, pour que la somme des maux dont l'égoïsme est la source impure diminue aussi sans cesse, et que celle des biens répandus par la PROVIDENCE, le long de notre route ici-bas, augmente en même proportion.

Rien ne subsiste isolément dans l'univers, ne s'appuie sur soi. On donne pour recevoir, on reçoit pour donner, et la vie tarirait de toute part, sans ce don mutuel et incessant de tous à chacun et de chacun à tous.

Qui pourrait, en effet, se passer entièrement de l'aide et du secours d'autrui? Nous en avons besoin dans l'enfance, nous en avons besoin en tout et toujours. Représentez-vous un homme seul, sans relation avec ses semblables, n'en recevant rien, ne leur rendant rien : ce serait le sauvage au milieu des bois; ce serait même bien

moins que le sauvage, car le sauvage vit en famille, en société; ce serait encore bien moins
que l'animal, qui a sa femelle et ses petits dont
il prend soin, qui même quelquefois vit en société, soit pour la défense réciproque, soit pour
un travail commun. L'homme isolé des autres
hommes serait vraiment, au sein de la création,
une sorte de monstre sans origine, sans lien,
sans nom, un je ne sais quoi qu'on regarderait
avec compassion; ce serait, en un mot, l'être le
plus à plaindre et le plus digne de pitié qu'il est
possible d'imaginer.

ATHÉISME. L'*athéisme* est le triste et misé-
rable système qui consiste à nier l'existence de
la DIVINITÉ. L'athée, non-seulement méconnaît
DIEU, mais, s'il est logique avec lui-même, s'il
est conséquent dans ses principes, il doit en reje-
ter la nécessité; alors, il lui faut recourir au
hasard, ou bien à des propriétés inhérentes à la
matière et développant toutes choses, pour rendre raison des phénomènes du monde physique
et surtout du monde moral. Le grand argument
des athées est l'existence du mal sur la terre. Ils
font ce raisonnement impie : « Ou DIEU veut et
peut ôter le mal sur la terre, ou il ne le peut et
ne le veut. S'il le veut ôter et ne le peut pas, il
n'est pas tout-puissant, il n'est pas DIEU. S'il ne le
veut pas, quoi qu'il le puisse, il est méchant ou
envieux, et par conséquent ce n'est pas un DIEU.

Enfin s'il ne le peut, ni ne le veut, ce n'est donc point un DIEU. »

Mais il est facile de répondre que tout leur sophisme repose sur l'interprétation à donner au mot *mal*. En effet, s'il existait dans le monde un mal absolu, non pas seulement pour l'homme, mais pour toutes choses, on en pourrait conclure ou que DIEU a créé ce mal exprès, ou qu'il n'a pu l'empêcher. Mais si le mal pour un Être tourne à l'avantage d'un ou plusieurs autres, ce peut être un bien général; il n'est donc pas réellement un mal, quelque soit le grave inconvénient éprouvé par quelqu'un. Le mal peut non-seulement avoir sa nécessité, il peut même offrir un côté indispensable. En effet, que deviendrait la vertu sans les vices?..

Les athées attribuent encore au hasard, en dehors de la direction d'un DIEU, toutes les combinaisons de la matière. « Avec le concours des siècles et dans les chances infinies qu'ils amènent, se développent, disent-ils, toutes les séries d'*êtres* que nous voyons sur la terre. La matière possède essentiellement le mouvement, de telle sorte que tous les amalgames de ses molécules sont possibles et même doivent nécessairement s'accomplir par une espèce de fatalité inévitable. »

Mais il est facile d'objecter à ce système aveugle et tout mécanique (à supposer que la matière proprement dite possède essentiellement le mou-

vement, ce qui est plus que douteux), que si rien
d'intelligent, rien de sage ni d'harmonieux ne pré-
sidait aux opérations de la matière, ainsi abandonnée à toute l'impétuosité brute du hasard, il
n'en pourrait résulter des séries constantes d'œuvres coordonnées, d'*êtres* organisés pour un but,
et dans un dessein de prévoyance, en un mot
l'harmonie générale qui règne sur notre globe
terrestre et dans l'immensité n'aurait pas sa raison d'être... D'où nous concluons, avec toute
raison, que l'athéisme *lui-même* n'a pas sa raison
d'être et que, par conséquent, il ne peut être
qu'une *absurdité*.

ATTENTION. L'attention est cette faculté de
l'âme en vertu de laquelle notre esprit s'attache
à un objet spécial pour l'étudier à fond, ou bien
encore s'attache aux objets extérieurs pour en
recevoir les sensations et, par suite, des impressions ou idées. Elle est la plus importante des
facultés intellectuelles; car c'est elle qui donne
la vie aux autres et sans elle l'intelligence est
impuissante. Aussi pouvons-nous dire, que le
grand secret pour former des sujets capables,
moralement et intellectuellement parlant est le
suivant : éveiller et inculquer chez les enfants
l'esprit d'observation et de comparaison. — Frapper leurs sens par des images ou par des sons.
— Donner de l'attrait à l'étude, sans recourir à
des moyens puérils, mais en y introduisant la

variété. — Ne pas exiger d'efforts d'intelligence
supérieurs aux facultés naturelles. — Intéresser
par des fables ou par des récits de voyages, mais
supprimer les contes et les histoires imaginaires.
— Donner à propos des explications sur toutes
sortes de sujets. — Faire examiner chaque objet
nouveau et en exiger de vive voix ou par écrit
une description exacte...

AUMONE. L'*aumône* consiste dans le don
individuel que fait celui qui possède à celui que
la nécessité oblige à faire appel à la compassion
d'autrui. Le devoir de l'aumône ne découle pas
seulement de la charité, qui fait le fondement de
la vraie religion; il découle encore de l'idée
qu'elle nous donne de DIEU, en ce que ce devoir
se rattache, naturellement, à ce qu'il est notre
Père *céleste* à tous; ce serait donc nier cette
même *paternité* que de nier les devoirs de l'aumône; ce serait également nier sa *suprême justice* qui, forcément, doit être *infinie*.

Si DIEU, en effet, n'avait pas de tout temps
imposé à ceux qui possèdent les richesses de ce
monde, l'obligation de secourir les indigents,
que penser alors de cette distribution si inégale
des biens de la terre? Comment alors comprendre sa *justice infinie?*

Comment croire qu'un DIEU, dont la *Providence* s'étend à tout, qui pourvoit à la nourriture
de l'insecte le plus infime, aurait oublié l'homme

créé pour le connaître et le servir? Comment
croire que DIEU aurait oublié le pauvre, en ne
lui léguant que la misère et les souffrances?

Qu'a-t-il donc fait pour les pauvres, *ce Père
commun de tous les hommes?* Ce qu'il a fait, le
voici : il a fourni, par la création et la conservation de l'univers, des biens assez abondants pour
satisfaire aux nécessités de tous ; mais ne voulant pas se charger d'en faire Lui-même la répartition, comme aux oiseaux du ciel, il a appelé
des Créatures humaines à ce haut ministère de
partager avec Lui les soins de sa Providence et
de sa miséricorde. Il confia donc à certains de
ses enfants une portion plus abondante de ces
biens, non par pour qu'ils les missent en réserve,
non pas pour qu'ils les dissipassent inutilement,
encore moins pour en faire l'aliment de leurs
passions, mais pour qu'après avoir pourvu à
leurs propres besoins, ils employassent le surplus au soulagement de leurs frères, à la charge
inévitable de lui rendre compte un jour de leur
administration.

En sorte qu'à le bien prendre, les biens que
nous avons reçus de DIEU, nous n'en sommes
pas les propriétaires, mais les économes.

Oui, telle est la position où nous nous trou-
vons placés, nous tous qui avons reçu une portion plus abondante dans les biens de ce monde.
Nous sommes les coopérateurs, les Ministres de
la *Providence* de DIEU, auprès de nos frères qui

sont dans la misère. Encore une fois, DIEU n'a
pas pu vouloir laisser gémir et périr le pauvre
dans son indigence, tandis que vous insulteriez à
sa misère, en consommant en dépenses super-
flues des biens qui auraient pu lui procurer du
soulagement. La portion du pauvre est entre les
mains de ceux qui possèdent, elle est confondue
avec la leur; c'est à eux de la lui donner, où sinon, au sortir de cette vie, ils seront dignes de
pitié, dans la vie spirituelle qui les attend après
celle-ci. — *Voir* le mot *Charité.*

AUTORITÉ. L'autorité, c'est le droit d'imposer obéissance, de commander, d'imposer sa
volonté; elle peut être physique, politique ou
morale. C'est de cette dernière seulement dont
nous allons nous occuper. Nous dirons donc que
les moyens ordinaires employés par l'autorité
sont : la bienveillance, la persuasion, la confiance. Ce n'est pas par l'âge, par la taille, par le
son de la voix, par les menaces ou par un air de
hauteur, que l'autorité morale s'exerce, surtout
envers les enfants, mais bien par un caractère
ferme, égal, modéré, uniquement guidé par la
raison, sans caprice, ni emportement, attentif à
ménager les réprimandes, à prévenir les punitions, sachant se faire aimer et craindre par un
mélange de douceur et de juste sévérité.

L'exemple d'une conduite calme et régulière
contribue puissamment au maintien de cette au-

torité. Il faut toujours, surtout en présence des
enfants, ne faire que ce qu'il convient de faire,
en se distinguant par son exactitude à accomplir
ses propres devoirs. On peut se mêler aux jeux,
mais avec circonspection et avec le soin de donner de bons avis, selon les occasions.

AVARICE. L'*avarice* consiste à accaparer et
à garder pour soi. Il existe deux sortes d'avares :
les premiers entassent l'or dans leurs coffres pour
se repaître du bonheur de le voir, de le compter,
de le recompter, et leur unique ambition est de
grossir leurs trésors. Cet or soustrait à la circu-
lation, reste immobile ; la société éprouve un
préjudice réel de ce genre d'avarice, mais heu-
reusement on en voit peu d'exemples. Les autres
avares, bien plus communs que les premiers, ont
une avarice bien mieux entendue, quoique toujours blâmable. Comme leur but est d'augmenter
sans cesse leurs richesses, ils se gardent bien de
laisser leurs capitaux improductifs, ils les placent
sans retard, de manière à ce qu'ils leur rapportent des intérêts. Ainsi, tel propriétaire, à la tête
de 100,000 fr. de rentes, n'en distrait annuelle-
ment que fr. 5,000 pour ses dépenses purement
personnelles, et emploie le surplus, soit en con-
struction, soit en achat de rente, etc. Certainement, au lieu d'ajouter chaque année 95,000 fr.
à sa fortune, il pourrait employer la majeure
partie de cette somme à se procurer les jouis-

sances de la vie, tout en en consacrant une partie
en bonnes œuvres. Cela serait plus raisonnable.
Du reste, il ne nuit qu'à lui seul, puisqu'il ne
soustrait aucun capital à la société, qu'il les lui
livre à mesure qu'ils lui arrivent, et que, soit
directement, s'il fait bâtir, soit indirectement,
s'il place son argent en rente ou autrement, il en
fait un emploi utile à la chose publique. La société n'a donc rien à dire à ces avares, mais la
morale doit leur dire qu'ils sont dupes d'un mauvais calcul, qu'il faut savoir jouir honorablement
d'une belle fortune, en leur répétant : « Les
richesses nous sont données pour adoucir l'amertume de la vie, et non la vie pour entasser des
richesses. »

En prenant un ton plus sévère, la morale les
prévient que l'habitude d'amonceler l'or avilit
l'âme insensiblement, tarit la source des sentiments généreux qui commandent l'estime publique ; elle ajoute : la soif d'amasser enfante la soif
d'acquérir, et celui qu'elle tourmente n'est jamais
assuré de mourir honnête homme. En effet, une
fois entré dans la voie de l'égoïsme, on se jette,
suivant la pente de son caractère, dans les écarts
les plus opposés aux devoirs envers ses semblables. Aussi, ne songeant plus qu'à son bien-être,
on croit le trouver dans l'accumulation des
richesses. Posséder plus que les autres, semble à
l'esprit aveuglé devenir le bonheur suprême, et
pour y atteindre, il n'y a pas d'actions basses et

honteuses qu'on ne fasse. Mais l'avarice expie par de mortelles angoisses les rares jouissances qu'elle donne. Après avoir desséché le cœur, elle le prive de toute affection étrangère. Aussi peut-on dire, avec raison, que l'avare est le pauvre par excellence, qui, dans le grand voyage que nous devons tous faire un jour, n'emportera avec lui que des souffrances morales incalculables, qui le rendront digne de la plus profonde pitié. — Pour s'en convaincre, consulter notre *Catéchisme universel,* ou bien encore notre *Guide du Bonheur.*

AVERSION. L'*aversion* est ce mouvement de l'âme qui nous porte à fuir et à détester ce que nous croyons être un mal. Dans un sens plus étendu, c'est un sentiment fâcheux, désagréable et involontaire, que nous éprouvons à la vue de certaines personnes et de certains objets, avec agitation intérieure et le désir de nous en éloigner ; désir que nous devons toujours combattre autant que possible, principalement dans le premier cas, toutes les fois que des raisons graves ne nous en font pas un devoir obligatoire, dans le but d'éviter de sérieux inconvénients. L'homme sage ne doit avoir que des aversions qu'il peut justifier : il a en aversion le mal, le désordre, les mauvaises compagnies ; il ne cherche pas à triompher de telles répugnances, il les entretient au contraire avec soin. Quant à son aversion à l'égard de celui qui lui a nui ou qui peut lui nuire, il doit toujours chercher à la combattre, tout en prenant cependant ses précautions pour s'en garantir, autant que la prudence lui en fait un devoir. — Quant à l'aversion qu'il ressent pour certains aliments, il doit toujours essayer, surtout si ce sont des aliments ordinaires, aucunement susceptibles de lui nuire, de vaincre cette répugnance, et il en vient à peu près toujours à bout, pour peu qu'il y mette un peu de bonne volonté. A cet égard, il en est de même de l'enfant *bien élevé*. On l'a accoutumé à manger de toute nourriture ordinaire. L'enfant *gâté*, au contraire, a toutes sortes d'aversions, et il cherche la délicatesse dans le manger et dans le boire.

BAVARDAGE. Le *bavardage* consiste à parler beaucoup, avec excès et d'une manière inconsidérée. De là ce dicton familier : *beaucoup parler pour ne rien dire*. Le bavard veut se faire aimer et il se fait haïr; il veut obliger et il importune; il veut se faire admirer et il se rend ridicule; il dépense pour ne pas recueillir, il offense ses amis, sert ses ennemis et travaille à se perdre lui-même.

Pour parler, il faut penser; pour beaucoup parler, il faut beaucoup penser; pour beaucoup penser, il faut avoir beaucoup d'idées, et beaucoup d'idées exigent de vastes connaissances. Comment donc les bavards ignorants, et ils le sont presque tous, suppléent-ils à l'insuffisance de leurs idées? Les bavards délaient dans un océan de mots la pensée qu'un seul mot aurait suffi à rendre : *oui* et *non*, *bonjour* et *bonsoir*, leur deviennent motifs à périodes. Les autres font comme s'ils avaient des lumières sur tout; ils parlent de tout, jugent et décident. Leurs phrases serrées, concises, tombent drues comme grêle; ils entassent erreurs sur sottises, sottises sur erreurs, ils vont toujours, ils ne s'écoutent pas. D'autres enfin, et ceux-là sont les plus dangereux, vont ramassant autour d'eux de mesquines personnalités. C'est dans cette classe que se rangent les bavards malveillants, les caillettes, les faiseurs de caquets, de tripots, et les commères. Ils commencent par la médisance et finissent par la calomnie. Il n'est qu'un moyen de se défendre d'eux, c'est d'écouter patiemment, de ne jamais les interroger, de ne jamais leur répondre, de ne jamais les citer, de leur opposer, en un mot, le mutisme le plus complet et l'indifférence.

BEAU. Le mot *beau* est indéterminé et peut se prendre sous *cinq* acceptions différentes, qui sont : le beau absolu ou métaphysique, le beau naturel, le beau artistique, le beau littéraire et enfin le beau moral. Le *beau métaphysique ou absolu* est le principe, l'essence même de la beauté, dans sa plus haute idée. — Le *beau naturel* désigne les objets naturellement beaux, et qui n'ont point été façonnés par l'art humain. Les exemples du beau naturel sont sans cesse sous nos yeux : la mer dans son calme et dans sa fureur, les forêts, les campagnes, l'étendue du ciel, une matinée de printemps, une soirée d'automne, une nuit étoilée, sont autant d'objets dont la beauté nous frappe et parle à notre âme ; leur splendeur s'adresse également à notre intelligence. — Le *beau artistique* consiste dans le rapport exact de l'intention et de l'exécution, de la pensée créatrice et de la réalisation de cette pensée. — Le *beau littéraire* revient en beaucoup de points à ce que nous venons de dire du beau artistique. Toutefois, le beau pictural et sculptural s'adresse aux sens tout autant qu'à la raison et au sentiment, tandis que c'est surtout à ces deux dernières facultés qu'appartient l'appréciation, ainsi que la jouissance du beau littéraire. — Le *beau moral* diffère du beau naturel en ce que, pour valoir tout son prix, il doit être précédé d'une pensée, être l'effet de la réflexion, le résultat de l'effort de la volonté sur la faiblesse ou la passion ; c'est, en un mot, l'action accomplie par toute âme élevée et pure, pleine de dévouement et d'abnégation. Les exemples de ce genre de beau, comme pour le beau naturel, sont innombrables dans l'histoire de notre humanité, dont ils sont le plus beau *fleuron*, principalement lorsque les actes accomplis ont pour but l'amour de DIEU, notre Père *céleste* à tous et notre *unique soutien;* sans cela, ils ont peu de valeur, spirituellement parlant.

BÊTISE. La *bêtise* est un manque de raisonnement et de jugement rationnels et sensés, autrement dit l'ingénuité de l'enfance dans l'âge mûr. Tels sont les exemples suivants : Deux huissiers chargés d'une saisie furent maltraités en faits et en paroles. Ils verbalisèrent ainsi : « Lesquels assassins, nous maltraitant et nous injuriant, disaient que nous étions des coquins, des fripons, des scélérats, des voleurs; ce que nous affirmons véritable. »

Un benêt écrit la lettre suivante à un de ses amis : « Mon cher, j'ai oublié chez toi ma tabatière en or; fais-moi le plaisir de me la renvoyer par le porteur de ce billet. » Au moment de cacheter, il retrouve sa tabatière et ajoute en *post-scriptum* : « Je viens de la retrouver, ne prends pas la peine de la chercher. » Puis il ferme la lettre et l'envoie.

LE MIROIR

Pourquoi les yeux fermés, tiens-tu donc ce miroir?
A son fils Nicolas demande Benjamine.

« Ma mère, je veux voir,
Répond celui-ci, quelle mine,
Dans mon sommeil je puis avoir. »

BIEN. Le *bien*, le *bon*, le *beau*, sont une même chose sous différents noms. On peut y ajouter le *juste*, le *vrai*, l'*utile*, l'*harmonie*, l'*ordre*, conformes à certains attributs de la DIVINITÉ, qui servent de pierre de touche pour toutes choses. Si l'on veut juger de la valeur d'une idée, on peut se demander : Est-ce bien? Est-ce bon? Est-ce beau? Est-ce juste?

Pour vivre, l'homme a une somme d'activité physique et morale à dépenser, et qu'il doit dépenser nécessairement. Ce qu'il ne dépense pas pour le bien risque fort de l'être pour le mal. Sans doute, pour faire le bien, il faut le chercher, mais si on le trouvait sans le chercher, où serait le mérite? — Concernant l'avantage immense qu'il y a pour nous tous à faire le bien, voici comment s'exprime le poëte Roman de Nimes, en parlant du bien que toute Créature humaine peut faire sur la terre :

Tout le bien qu'on fait sur la terre
Est mis en dépôt dans le ciel;
On y devient propriétaire,
Et le produit est éternel.

BIEN-ÊTRE. Le *bien-être* est la situation agréable et commode du corps et de l'esprit, tout ce qui enfin contribue à une existence agréable et commode. Il peut être personnel, comme il peut être commun à deux ou plusieurs individus. Que le bien-être soit personnel ou commun à plus ou moins d'individus, nous ferons remarquer que, dans les deux cas, il ne peut généralement s'obtenir qu'en combattant les grandes difficultés de la vie, qui, comme c'est à la connaissance de tout le monde, sont en grand nombre.

Il existe encore un autre *bien-être*, qui est le *bien-être universel* (mot qui appartient essentiellement au vocabulaire moderne), lequel est né des aspirations de notre siècle. En effet, le bien-être universel ne saurait être considéré comme une utopie; il résultera naturellement de la diffusion des lumières et du développement intellectuel, de la réforme des institutions et des mœurs, d'un plus sage emploi des forces et des moyens, d'une plus équitable répartition d'instruments de travail et de produits, enfin de tous les progrès que l'humanité doit encore accomplir.

BIENFAISANCE. La *bienfaisance* est cette vertu sublime qui nous porte, par amour pour DIEU d'abord et par attachement pour notre prochain ensuite, à venir au secours de nos semblables en leur procurant, autant que nous le pouvons, ce dont ils ont besoin. C'est la première des vertus que DIEU nous recommande, c'est aussi celle qui nous fait pardonner le plus de péchés.

L'homme bienfaisant n'est pas celui qui donne le plus, mais celui qui donne le mieux; de même que l'homme le plus heureux est celui qui fait le bonheur d'un plus grand nombre. On reprochait à un sage d'avoir fait l'aumône à un méchant : « Je la fais à son malheur, dit-il, et non à sa personne. » D'après cela, ne refusons donc jamais de venir au secours de ceux qui souffrent réellement, quelque coupables qu'ils soient du reste ; surtout donnons toujours avec patience et bienveillance, sans jamais compter sur la reconnaissance. C'est précisément ce que nous commande le quatrain suivant :

> « Tâchons de soulager toujours notre prochain;
> « Qu'en vain jamais vers nous il ne tende la main;
> « Donnons, donnons toujours, mais avec patience,
> « Et ne comptons jamais sur la reconnaissance. »

Pour d'autres renseignements très-importants sur la bienfaisance, consulter notre *Guide du Bonheur*.

BIENSÉANCE. La *bienséance* est la conformité d'une action avec le temps, les lieux et les personnes.

Les bienséances ne se devinent pas, elles s'apprennent; l'éducation du monde nous les inculque, et encore ce n'est que d'une manière restreinte et tout à fait personnelle. En effet, chaque classe de la société a ses bienséances particulières

qui varient à leur tour avec les localités. Sur un
même point tout est contradictoire. Il y a néanmoins une certaine exception à faire pour certaines bienséances qui tiennent aux sentiments
du cœur; toutes les classes de la société les ren-
contrent par instinct, il n'y a de différence que
dans les formes. Mais, avant tout, nous devons
reconnaître que, auprès de gens dont nous avons
besoin de demander la protection, tout manque
de bienséance est presque une déclaration de
guerre; qu'avec ses égaux, c'est un manque de
bon goût; qu'avec ses amis véritables, c'est une
légère imperfection, que l'habitude de se voir
fait oublier. — Disons en terminant qu'il n'y a
jamais à hésiter entre les devoirs essentiels et
les bienséances du moment; les uns tiennent à la
moralité, les autres ne dérivent que de l'usage.

BIENVEILLANCE. La *bienveillance* est le
sentiment qui nous porte à vouloir du bien à nos
semblables, qui nous rend sensibles à leurs peines, à leurs embarras, et nous dispose à chercher les moyens de les en tirer. Il n'est pas
toujours possible de faire des sacrifices pour
soulager ceux qui souffrent, mais du moins on
peut toujours les consoler, en leur témoignant
un véritable intérêt et une douce sympathie.

Il ne faut pas confondre la bienveillance avec la
politesse (voir ce mot); cette dernière est souvent
haute et froide. La bienveillance, au contraire, a

quelque chose d'encourageant, de tendre et de
caressant, qui relève la confiance du malheureux
et de l'inférieur, et lui procure une sorte d'aise
et de bien-être.

La bienveillance est nécessaire à l'existence, à
l'harmonie du corps social. Sans la bienveillance
le monde ne saurait être gouverné, et les hommes
se heurteraient sans cesse de tout le poids de leur
égoïsme et de leur personnalité. — Pour d'autres
renseignements sur la bienveillance, consulter notre *Guide du Bonheur.*

BIZARRERIE. La *bizarrerie* n'est pas autre
chose qu'un caractère fantasque, extravagant,
capricieux, qui s'écarte du goût et des usages
reçus. Dans ce cas, elle se rapporte aux personnes; tandis que, dans d'autres cas, elle peut se
rapporter aux choses tant physiques que morales.
Les exemples de bizarrerie sont très-fréquents
dans l'humanité, dans les arts et dans les sciences
tant physiques que littéraires. Disons ici que,
dans l'humanité terrestre, les Anglais composent
peut-être bien la nation la plus remarquable sous
ce rapport, tellement la bizarrerie est commune
et remarquable parmi eux.

BONHEUR. Quelle que soit la position que
nous occupions ici-bas, soit dans le monde, soit
dans la retraite, dans un état obscur ou dans un
poste éminent, dans la douce médiocrité ou dans

le sein de l'opulence, partout DIEU, Seul Créateur de tout ce qui respire, nous offre le *bonheur*,
Ils sont faciles à saisir, les éléments dont se
forme le vrai bonheur, le seul qui soit inaltérable. Ces éléments sont les suivants : Être toujours bien avec nous-mêmes; multiplier les sacrifices, afin d'être le mieux possible avec tout
le monde; procurer, avec une attention délicate,
aux personnes de la société dont nous faisons
partie, les moyens de satisfaire leurs désirs, à la
condition d'être inoffensifs; ne contrarier jamais
qui que ce soit quand nous pouvons céder sans
que la conscience en murmure; nous oublier
pour penser aux autres, pour leur faire passer des
moments agréables; dédaigner tout ce qui peut
blesser notre amour-propre; renoncer entièrement à ce que nous ne pouvons avoir; n'être
jamais soucieux, sombre ou exigeant, mais con-
server sur nos moindres traits une sérénité constante; pleurer avec l'affligé pour adoucir l'amertume de ses maux; nous réjouir avec celui qui
prospère, pour accroître le sentiment de sa joie;
désarmer toutes les prétentions par les charmes
d'une humeur prévenante, etc., etc. Voilà les
seuls moyens de goûter nous-mêmes et de faire
goûter à ceux qui nous approchent le vrai bonheur, cette paix délicieuse au-dessus de tout
sentiment purement humain. Nous disons tout
sentiment purement humain, parce qu'il existe
un autre sentiment : le *sentiment spirituel*, qui

nous procure encore un *bonheur infiniment supérieur*, lequel tire sa source : de notre confiance
absolue en DIEU, notre Père céleste à tous, et
ensuite de notre confiance tout entière dans la
vie spirituelle à venir. — Pour avoir de nombreux
renseignements à cet égard, consulter l'un quelconque des *très-importants écrits spirites* d'Allan Kardec, dont nous nous honorons d'être le
très-humble disciple, ou bien encore notre *Philosophie spirite* ou notre *Catéchisme universel*.

BON SENS. Le *bon sens* est le sentiment qui
porte l'homme à ne voir que le but proposé et
l'excite à s'y diriger par le chemin le plus court,
et, par conséquent, le plus conforme à la vertu.
Le génie illumine, l'esprit éclaire, le bon sens
seul dirige.

Le *bon sens* est supérieur au *sens commun*. Il
suppose un plus haut degré de lumière et d'intelligence, et est appelé à juger de choses plus
difficiles que celles sur lesquelles prononce le
sens commun. Il se trompe rarement ou plutôt
ne se trompe jamais dans les jugements qu'il
porte. Un homme de bon sens donne de sages
conseils, sait se diriger sensément dans les affaires de la vie. Le bon sens n'exclut pas l'esprit,
mais ne le suppose pas non plus. On a remarqué
plus d'une fois que les hommes d'esprit man-
quaient de bon sens, et étaient incapables de
conseiller et d'agir convenablement dans des cir-

constances tant soit peu difficiles ; de là ce dicton populaire : « Que les gens d'esprit sont bêtes. » Et cependant la plupart des hommes sont plus flattés de s'entendre qualifier d'hommes d'esprit que d'hommes de bon sens. C'est là une vanité qui n'a presque pas le sens commun. Le bon sens s'acquiert et se développe par la réflexion. Il n'est pas incontinent tout ce qu'il peut devenir ; il est, comme tout ce qui est en nous, susceptible de perfectionnement.

BONTÉ. Les sentiments dont se forme la *bonté* tirent leur origine du plus profond de nous-mêmes. Ce sont nos affections qui nous instruisent à partager celles des autres, et le caractère de la bonté est de se trouver toujours en harmonie avec des besoins qu'elle connaît sans qu'ils lui aient été exprimés. C'est de dedans qu'ils se sont révélés à elle ; de dedans vient l'impulsion dont elle suit la loi ; en toute occasion elle n'oublie personne, ne manque à rien ; le mot qui va blesser s'arrête sur ses lèvres ; elle réprime même dans son cœur le sentiment capable d'affliger. Pénétrante, elle va au secours de la pensée qui n'ose se produire, lit dans les regards baissés, entend le soupir qu'on étouffe, comprend et saisit le désir à peine formé. Réfléchie, elle sait ce qu'elle n'a pas vu, pressent ce qui n'est pas encore ; la sympathie qui l'éclaire n'a pas besoin du secours des signes ; l'Être vraiment bon se sent lui-même, pour ainsi dire, au profit des autres ; ses impressions lui servent surtout à l'avertir des leurs, et rarement éprouve-t-il une peine qu'il ne songe aussitôt à l'épargner à quelqu'un, une joie dont il ne s'occupe aussitôt délicieusement à faire jouir un autre que lui.

CALME. Le *calme* consiste à n'être agité par aucune passion bonne ou mauvaise ; c'est, en un mot, l'absence de toute agitation quelconque. Pris dans son acception absolue, le calme est défectueux chez l'homme, lorsqu'il se prolonge trop longtemps ; car, alors, il devient *insouciance*. Pris dans son sens relatif, il est indispensable à tout homme prudent et sensé, dont il est un des plus beaux ornements, tout en étant son plus grand préservatif pour l'empêcher de mal faire. La raison en est simple : c'est parce qu'il lui permet, dans les malheurs qui lui arrivent, de considérer le bon et le mauvais côté des dits malheurs ; car, ne l'oublions pas, chaque chose a deux faces, et presque toujours l'on peut tirer quelque bien de la plupart des maux, en les considérant sous tous les aspects, au lieu de s'attacher, comme le font la plupart des hommes, au

côté le plus triste de l'objet. Si, avec un grand
calme, nous les analysons et voyons à quoi ils se
réduisent, nous verrons très-souvent que leurs
conséquences sont à notre avantage; tandis qu'ils
deviennent presque toujours très-désagréables
pour nous, et quelquefois même funestes, lorsque
nous nous abandonnons à la colère ou au découragement, en un mot, lorsque le calme nous
manque.

CALOMNIE. La *calomnie* consiste à propager
sourdement des imputations fausses qui attei-
gnent l'honneur et la réputation de celui que le
calomniateur veut diffamer; elle a son principe
dans le mensonge, mais elle en diffère si complè-
tement, et par la forme et par les effets, qu'elle
n'a plus avec lui qu'une parenté trop éloignée
pour qu'on en tienne compte. Elle est au mensonge ce que le guet-apens est à la franche pro-
vocation, la lâcheté à l'audace. Le mensonge est
quelquefois une maladie de l'esprit; la calomnie
est toujours un vice du cœur; l'un a ses degrés
de gravité, l'autre est toujours entraînant l'infa-
mie pour celui qui le commet. Pardonnez à tout
menteur plus aisément qu'au calomniateur, et
quand vous pardonnez à ce dernier, méfiez-vous
encore de lui; la plus simple prudence vous en
fait un devoir, tellement il lui est difficile de
s'amender complétement. Aussi, pouvons-nous
dire que la calomnie est le vice *rédhibitoire* de

notre humanité terrestre, lequel rend toute Créature humaine affligée de ce vice, digne de la plus profonde pitié.

CAPACITÉ. La capacité spirituelle, la seule dont nous ferons mention ici, n'est pas autre chose que la mesure intellectuelle propre à chaque individu, soit d'après son esprit naturel, soit par suite du travail et des acquisitions qui en ont développé les forces. — Chaque profession exige son genre de capacité, pour la porter à la perfection qui lui est propre. — Ce n'est ni à l'étude, ni à la multiplicité des connaissances qui donnent la mesure d'un esprit, bien que le raisonnement puisse y trouver de plus amples développements. Chaque individu ayant une capacité d'intelligence et d'estomac, il ne lui est pas plus convenable de trop apprendre que de trop manger, et il y a des indigestions de science comme il y en a de nourriture. Tout apprendre à la fois est ne rien savoir; une étude peut nuire à une autre, et plus on s'instruit, plus on devient ignorant, à moins qu'on soit d'une capacité exceptionnelle. C'est, en effet, la seule science raisonnée et digérée qui est la vraie, autrement dit la science bien acquise et bien appréciée est la *seule* qui produise la capacité intellectuelle.

CAPRICE. Le caprice est un changement d'humeur et de sentiment qui se produit chez

certains individus; c'est, en un mot, la légèreté
exagérée. Vouloir et bientôt ne plus vouloir;
refuser sans qu'on sache ou qu'on soupçonne le
motif de ce refus; accorder quand aucune raison
nouvelle n'y détermine; être gai ou triste sans
cause, peut-être sans prétexte; passer brusque-
ment d'une contenance à une autre, d'un langage
à un autre langage; paraître faire une chose
parce qu'elle plaît, ou ne pas la faire parce qu'elle
déplaît, sans examen, sans réflexions sérieuses;
tels sont quelques-uns des traits qui font reconnaître le caractère capricieux : ils se rapportent
tous à ce type commun, type mobile, fantasque,
de couleurs changeantes qu'on appelle le caprice,
faute de trouver un nom qui le désigne plus clai-
rement.

Seul parmi tous les défauts, le caprice réunit
deux caractères qui sont incompatibles; il est
mobile, mais en même temps il est tenace. Le
capricieux aura de nombreuses fantaisies, dont
chacune pourra contredire les autres; mais il
aura aussi, obstinément, des fantaisies et prati-
quera un défaut immuable sous les formes les
plus opposées. Si vous regardez la multitude et
la diversité extrême des caprices, il sera taxé
par vous d'étourderie; si vous faites attention à
la persévérance qu'il porte dans tel ou tel caprice,
qui se prolonge comme une énigme dont il ne
veut pas donner le mot, et qu'un brusque retour
remplace par un caprice contraire, vous l'accu-

serez d'entêtement. Il y a, en effet, de l'entêtement et de l'étourderie dans le caprice, non pas
toujours sans doute, mais lorsque ce défaut arrive à son expression la plus complète.

CARACTÈRE. Le *caractère* est la physiono-
mie morale de l'individu, l'expression constante
et complète de sa personnalité. Il y a autant de
caractères différents qu'il y a de manière de sentir et de concevoir. Selon les individus les organes physiques et intellectuels sont affectés ; on
s'accoutume à recevoir des impressions d'une certaine nature. Peu à peu, notre Être moral s'assi-
mile ces impressions perçues et ressenties avec
régularité, et l'âme prend un pli définitif, sous
la double et irrésistible influence de la nature et
de l'habitude ; mais si l'on s'arrêtait ici, on
serait loin d'avoir une formule satisfaisante, ou
même une idée nette du *caractère* dans son essence : c'en est seulement la partie naturelle,
fatale, la partie qui tient au sang, à l'humeur, au
tempérament, aux premières habitudes contrac-
tées dans l'enfance, lorsque la pensée est docile
encore, et que la volonté sommeille. Le second
élément qui entre dans la composition du caractère : c'est précisément la volonté et la liberté,
en un mot le libre-arbitre, qui peut le modifier
de toutes les manières, selon les prédispositions
physiques et morales de l'individu. Les caractères les plus remarquables sont les suivants :

Caractère acariâtre, celui qui est d'une humeur fâcheuse, querelleuse, aigre et criarde, certainement c'est un des plus détestables. Le meilleur moyen pour le réduire chez les enfants : c'est d'humilier leur orgueil naissant, sans aigrir leur naturel ; d'éveiller en eux un sentiment de honte quand ils font mal ; exciter leur émulation ; ne recourir à la contrainte qu'à la dernière extrémité.

Caractère brut, celui qui est lourd jusqu'à la brutalité, soucieux jusqu'à la tristesse, hardi jusqu'à l'effronterie, timide jusqu'à la stupidité. L'individu qui a ce caractère parle avec grossièreté, il est souvent malpropre, insensible à la justice, à la pitié ; sensible uniquement à la force physique, égoïste par suite des privations, et ignore le respect de soi. — Pour humaniser ce caractère, essayez de la bonté et des caresses ; que votre politesse soit invariable ; ne vous affectez pas de ses formes rudes ; punissez le moins possible ; amenez-le peu à peu à des habitudes de civilité ; si l'emploi de la force physique est parfois nécessaire, que ce soit avec une modération calme et décente.

Caractère heureux, celui qui saisit promptement et facilement le bon et l'honnête, pour y conformer sa conduite. — Pour engager à la persistance, l'enfant doué de ce caractère : louer modérément et toujours à propos ; éviter surtout, avec le plus grand soin, toute louange exagérée, susceptible de le rendre orgueilleux.

Caractère nonchalant, celui qui manque d'énergie, d'activité, qui est paresseux, négligent, indolent, qui n'a aucune volonté et par cela même
est incapable d'entreprendre quelque chose. —
Pour activer ce caractère, il faut exciter aux jeux
et aux plaisirs ; prodiguer les éloges et les encouragements ; inspirer la hardiesse et le courage ;
pousser à l'émulation, éveiller le sentiment de
l'honneur.

Caractère orgueilleux, celui qui a une haute
opinion de lui-même et un mépris affecté pour
les autres ; inquiet de l'opinion qu'on a de lui,
il voudrait se voir admirer. Ses sentiments sont
simulés, ses manières peu naturelles. Il se plaît
parmi ses inférieurs, garde un maintien froid et
hautain, un air dédaigneux, et fait parade de son
orgueil. — Pour corriger un semblable caractère chez les enfants, il faut forcément avoir
recours aux punitions sévères, toutes les fois
qu'il se permet des injures ou provoque des querelles ; et dans ce dernier cas il faut non-seulement ne pas lui ménager les humiliations, mais
encore, il faut *exiger* de lui les réparations qu'il
doit à ceux qu'il a offensés.

Caractère timide, celui qui manque d'assurance, de hardiesse, qui est craintif. Ce caractère se rencontre surtout chez les enfants laids
ou infirmes, faibles de santé ou faibles d'esprit,
chez ceux qui sont indifférents à tout le monde

ou qui sont rebutés par leurs parents. — Pour
relever ces natures malheureuses et délicates on
ne doit pas épargner les encouragements ; il faut
toujours les traiter avec bienveillance, justice et
charité, tout en évitant en leur présence de manifester quelques préférences pour d'autres. S'il
est possible de les féliciter en public, même pour
des choses légères, il en faut immédiatement saisir l'occasion, mettant d'un autre côté la plus
grande modération et la plus grande douceur
dans les remontrances réellement nécessaires.
Pour obtenir un succès durable avec eux, il faut
longtemps persévérer dans cette voie, autrement
dit tout le temps que la timidité persiste, mais
jamais au delà, car alors le caractère pourrait
tomber dans le défaut contraire.

CHANT. On appelle *chant* toute émission de
la voix produisant un effet musical ; c'est une qualité naturelle, plus ou moins prononcée, que certaines personnes apportent avec elles en naissant.
Le chant peut être plus ou moins moral, ou plus
ou moins immoral. Naturellement ce dernier,
qui malheureusement pour notre société, est le
plus goûté par la jeunesse, est triste et regrettable, et cela d'autant plus, que c'est quelquefois
par le chant que les mœurs d'une nation peuvent
le plus se modifier en bien comme en mal. Espérons que le chant moral enseigné dans nos écoles
actuelles, finira par modifier avantageusement

dans la société, la triste et regrettable influence des chansons *grivoises*, autorisées et propagées par le dernier empire si rempli de licence, en le rendant plus sain et plus moral. Nous devons d'autant mieux l'espérer qu'on remarque depuis quelque temps, dans ces mêmes écoles, que les enfants du chant se signalent parmi leurs camarades par plus d'application, de politesse, de convenance et de douceur. S'il est vrai que le but de toute bonne éducation doive être de développer toutes les facultés que l'homme tient de la nature, l'ouïe et la voix ont droit à ce développement. Le chant y pourvoit et fait aussi l'office de mnémonique. A l'instar de ce qui avait lieu chez les anciens, les paroles du chant doivent renfermer des maximes morales qui s'impriment, par cela même, d'autant mieux dans la mémoire des enfants ; souvenirs, qui, plus tard, peuvent avoir une très-grande influence sur leur existence, en les préservant de bien des erreurs plus ou moins graves. Le charme de la musique est tel que, souvent, on voit les enfants consacrer à son étude le temps de leurs jeux. Dans cet amour que lui porte l'enfance, il est permis de prévoir celui que lui vouera l'âge mûr ; il est permis d'espérer qu'un jour un plaisir vif, qui élève l'âme, pourra remplacer pour le peuple ces plaisirs mondains qui l'abrutissent et qui le ruinent.

CHARITÉ. La *charité* est ce sentiment loua-
ble et sublime qui nous porte à secourir notre
prochain de notre bien, de nos conseils, enfin
par tous les moyens qui sont en notre pouvoir.
Saint Paul a donné de la charité la définition la
plus splendide ; laquelle est la suivante : « La
charité, dit-il, est patiente et pleine de bonté ;
elle ne connaît point l'orgueil, ni l'insolence, ni
l'envie ; elle ne cherche point son intérêt, elle ne
s'aigrit point, elle ne soupçonne point le mal,
elle ne se réjouit point de l'injustice, mais elle
se réjouit de la vérité ; elle excuse tout, croit
tout, espère tout, supporte tout ; la charité est la
plus grande des vertus, elle est au-dessus de la
foi et de l'espérance ! » Depuis saint Paul, tout
ce que l'Église a renfermé d'âmes pures et éclairées a parlé le même langage, et c'est avec une
rigoureuse vérité, que ne dément point la philosophie vraiment morale, que Clément XIV a dit :
« La vraie dévotion, c'est la charité ; sans elle,
tout ce qu'on fait pour le salut est inutile ! » De
tels principes sont sublimes et tout ce qu'il y a
de plus méritoire dans notre humanité. Seulement le Catholicisme, tout en les prêchant, les
a-t-il toujours mis en pratique, et, aujourd'hui
encore, pouvons-nous dire qu'il les met réellement en pratique ? Hélas ! non. En veut-on la
preuve, consulter notre *Catéchisme universel.*

La charité est un don naturel, un sentiment
inné dans le cœur de toute Créature humaine ;

elle ne dépend ni des temps ni des lieux, et tire
uniquement sa source de la fraternité spirituelle
(*voir ce mot*). C'est pourquoi la charité vraiment
méritoire est celle qui se fait, avant tout, par
amour pour DIEU, notre Père *céleste* à tous, et
puis, ensuite, par attachement pour autrui. C'est
surtout en cela que consiste les principes fonda-
mentaux du Spiritisme, ainsi que le Lecteur
pourra s'en convaincre, pour peu qu'il prenne
connaissance de nos humbles écrits, dont la nomenclature figure à la fin de ce volume.

CHRISTIANISME. Le pur *Christianisme* est
sans contredit, la plus parfaite des religions qui
ont existé sur notre globe terrestre, jusqu'en
l'année 1858; époque à laquelle est apparu le
Spiritisme. Doctrine religieuse essentiellement
rationnelle dans tous ses principes, et ayant la
même maxime fondamentale que le *pur* Christianisme, lequel primitivement s'appuyait sur l'unité
de DIEU, comme le fit autrefois Moïse, *dix-sept
siècles* avant notre ère, et avant lui Abraham,
deux mille trois cents ans avant Jésus-Christ.
Malheureusement quelques siècles après son ap-
parition, autrement dit à l'époque du concile de
Nicée, qui eut lieu l'an *trois cent vingt-cinq* de
notre ère, des hommes *ignorants*, *orgueilleux* et
ambitieux, ayant à leur tête le fameux empereur
Constantin qui, à cette époque, était le *chef
suprême* du Paganisme, décrétèrent, à la honte

de notre humanité et pour son plus grand malheur, la *divinité* de Jésus-Christ. Nous disons pour son plus grand malheur : parce qu'en effet on ne peut pas se dispenser de frémir d'horreur en pensant à tous les crimes, toutes les cruautés, toutes les infamies qui, plus tard, se sont commis au nom de cette *prétendue divinité;* laquelle certainement est due au décret le plus *infâme* et le plus *blasphématoire* en même temps, qui ait pris naissance dans notre humanité terrestre. — Pour de très-nombreux renseignements à l'égard de la *prétendue divinité* de Jésus-Christ, consulter notre *Catéchisme universel* qui donne des preuves irréfutables qu'elle est blasphématoire, et par conséquent des plus opposée à la manière de voir de Jésus-Christ lui-même, qui, dans les quatre Évangiles, s'est reconnu un très-grand nombre de fois comme étant le *fils de l'homme,* aveu qui prouve surabondamment la mauvaise foi des malheureux qui, autrefois, ont présidé au concile de Nicée, etc.

CIVILITÉ. La *civilité* consiste dans une attention constante à donner aux autres des témoignages d'estime, d'amitié et de considération. La civilité a quelque chose de plus que la politesse (*voir* ce mot); elle est agréable en ce qu'elle resserre les liens de la société par l'affection qu'elle produit entre les hommes : la réunion de ces deux vertus est indispensable à l'homme de bonne compagnie. Ses dérivés sont : la *préve-nance*, *l'obligeance* et *l'aménité*.

Les principaux usages généraux de la civilité, sont les suivants : donner ou rendre le salut à ceux par qui nous avons été prévenus ; s'arrêter pour céder le pas ou le haut du pavé à une dame, à un vieillard, à un fonctionnaire public, leur laisser les fauteuils et se contenter d'une chaise ; être assis décemment et ne pas s'étendre sur un canapé ; ne pas s'approcher de la cheminée de manière à empêcher les autres de se chauffer ; ne pas mettre de véhémence dans la discussion ; enfin éviter tout acte d'incongruité, toute apparence de malpropreté.

Comme l'on voit, la civilité, consistant en simples usages communs à tous les hommes, peut se concilier avec le manque d'éducation. Un artisan, un paysan peut être civil. La politesse, au contraire, est le fruit d'une éducation brillante. Il n'y a qu'un homme du monde qui puisse être poli. L'homme civil n'est pas encore poli ou ne l'est pas toujours ; l'homme poli est nécessairement civil ; mais l'homme de génie, peu fait aux usages du monde, paraîtra souvent incivil en voulant être poli. La civilité est le premier degré, la politesse est le second.

CLÉMENCE. La *clémence* est cette vertu qui nous porte à pardonner et à oublier, en même temps, des injures réelles et vivement senties, dont on pourrait tirer une vengeance légitime. Elle procure toujours le calme et la tranquillité d'âme à celui qui la met en pratique, et lui attire en même temps la bienveillance universelle. — Employée dans un sens plus élevé, la clémence est une vertu qui porte un supérieur à pardonner les offenses de ses inférieurs, ou à modérer les châtiments qui leur ont été infligés. Dans ce cas, de tout temps elle a été regardée comme le plus bel apanage des princes et des souverains qui ont eu le bonheur de la mettre en pratique.

La satisfaction qu'on tire de la vengeance ne dure qu'un moment; mais celle que produit la clémence ne finit jamais. Puis c'est la meilleure manière de se venger, car elle inspire toujours aux coupables de vifs regrets.

COLÈRE. La *colère* est la passion qui se manifeste avec le plus d'éclat et de véhémence; son action sur le corps est aussi violente qu'elle-même, puisque de fréquents exemples prouvent qu'elle peut occasionner une mort subite, ou du moins des maladies très-graves. Les plus ordinaires de ces maladies sont: 1° la jaunisse; 2° des inflammations aiguës, qui surviennent principalement dans le foie; 3° la rupture des cicatrices; 4° des accès de fièvre ardente; 5° de fortes hémorrhagies; 6° l'épilepsie; 7° des convulsions et autres maladies nerveuses excessivement graves.

Outre les accidents physiques dont il vient d'être fait mention, la colère a encore pour effet : 1° d'altérer le caractère et le rendre de plus en plus emporté, à mesure qu'on le laisse entraîner plus souvent à cette passion ; 2°. de nous porter à des violences coupables qui vont quelquefois jusqu'au délire ; 3° de maintenir dans une contrainte fatigante, qui empêche souvent l'intimité dans les liens de la famille, tous ceux qui sont obligés de vivre avec nous ; 4° d'éloigner de nous toutes les personnes d'un caractère doux et timide, qui évitent soigneusement la société de celles qui sont violentes et emportées.

Les femmes, à cause de leur plus grande sensibilité, sont plus sujettes à la colère que les hommes ; il en est que la moindre contrariété irrite et jette dans des emportements violents. Cette habitude de céder si facilement au penchant qui les domine, leur aigrit le caractère et les rend acariâtres.

Le moyen le plus efficace de combattre l'inclination à la colère, est de la réprimer dans l'enfant lorsqu'on voit qu'elle est très-développée chez lui, et cette répression doit se faire au moyen de la douceur, du raisonnement et du sang-froid, et jamais par la violence qui ne fait qu'exciter la passion au lieu de la calmer. Comme cette passion fougueuse ne fait que s'accroître dans la jeunesse et dans l'âge mûr, lorsqu'elle n'a pas été combattue dans l'enfance, il n'y a alors qu'une raison supérieure, qui n'appartient qu'aux personnes d'une haute intelligence, et une volonté ferme qui puisse la dompter. Le penchant à la colère tenant entièrement au tempérament, le régime habituel a une grande influence sur lui. Le meilleur est le suivant : 1° éviter soigneusement les excès de table, le café et le vin ; 2° ne faire usage que d'une nourriture douce, rafraîchissante et peu substantielle ; 3° prendre le plus de bains tièdes ou frais que peut le comporter l'état actuel de la santé ; 4° si la force du tempérament résiste à tous ces moyens, qui ont tous pour but de calmer les nerfs trop irrités, on peut même recourir à la saignée, que l'on pratique à des époques plus ou moins rapprochées ; 5° enfin, il faut éviter autant que possible, toutes circonstances qui peuvent irriter le caractère.

(ORFILA.)

COLLÉGE. On appelle *collége*, un établissement d'instruction secondaire pour la jeunesse, où se rendent un nombre plus ou moins grand de jeunes gens dans le but de s'instruire. Certainement la vie du collége est rude, du moins pour la très-grande majorité ; mais qu'à-t-on de mieux à faire de dix à quinze ans (1), que d'aller

1. Nous fixons ce terme de *dix* à *quinze* ans comme RÈGLE GÉNÉRALE, pour tous les enfants qui, pécuniairement parlant, peuvent y aller faire leurs études, avec l'intention de se livrer,

au collége? Et au collége qu'a-t-on de mieux à
faire, que de travailler sérieusement? S'il faut
que l'enfant soit instruit, ce ne peut être sans
travail et sans peine : le travail attrayant, sauf
dans les petites choses et les bagatelles de la
poste, est un leurre, une illusion. Le vrai travail, un travail pénible, est chose *nécessaire, indispensable.* Cela est d'autant plus vrai, qu'il
guérit et prévient toutes les maladies de l'âme ;
il en est le grand consolateur, le grand médecin.
A tout âge, il faut travailler, se proposer une
œuvre, s'y donner ; à tout âge l'homme a besoin
d'un but qui le séduise et qui lui fasse illusion
sur le vide de la vie.

Une autre grande consolation, c'est l'amitié,
l'amitié de collége, la plus douce et la plus durable de toutes les amitiés. Comme elle naît dans
l'âge heureux où l'on ne connaît pas encore les
passions égoïstes et viles, plus tard elle leur résiste et leur survit. Elle n'a point de ver dans sa
racine, elle garde toutes ses fleurs et tous ses
fruits.

Telles sont les deux grandes consolations qu'on
rencontre au collége ; elles ont infiniment d'at-

plus tard, à un genre d'occupations qui ne demandent pas de
grandes connaissances. Quant aux autres, à qui ces grandes
connaissances sont utiles, leurs études peuvent se prolonger
jusqu'à l'âge de dix-huit à dix-neuf ans, voire même de vingt
ans pour quelques-uns, à intelligence peu développée et se développant difficilement.

trait et rendent heureux, pour le reste de la vie, ceux qui ont le bon esprit de se les procurer durant leur présence au collége.

COMPAGNIE. On appelle *compagnie*, toute réunion d'hommes plus ou moins nombreuse (se rappeler notre important renvoi de la page 19). Naturellement ces réunions peuvent être plus ou moins bien composées et forment ce qu'on appelle : la bonne ou la mauvaise compagnie. La plus simple prudence nous engage, ainsi qu'on doit le comprendre, à fréquenter la première et à éviter avec le plus grand soin la seconde. La raison en est simple : c'est parce que rien n'est plus propre à rendre une âme honnête, à fixer ses incertitudes, à redresser ses mauvais penchants, que la fréquentation des gens de bien ; tout le contraire ayant lieu, naturellement, en fréquentant ceux qui sont dépravés. Aussi un vieux proverbe dit-il : « dis-moi qui tu hantes, je te dirai qui tu es ». Un autre plus nouveau, mais tout aussi rationnel, dit : « on ne peut rester longtemps dans la boutique d'un parfumeur, sans en emporter l'odeur ».

Ces deux proverbes reviennent à dire ceci : c'est qu'en fréquentant les hommes vicieux, on court grand risque de le devenir. — Pour d'autres renseignements, consulter notre *Guide du Bonheur*.

COMPLAISANCE. On appelle *complaisance*, la disposition d'esprit à sacrifier sa volonté à celle des autres, dans le but de leur plaire. Cette qualité naturelle à quelques-uns, mais que l'éducation inculque en général aux hommes, va au-devant de ce qu'on peut attendre d'elle, elle le devine et l'offre ; et ce qui lui donne tant de charme, c'est qu'elle paraît être le premier mouvement, et que, toujours prévenante, elle se glisse dans chaque détail de la vie. La complaisance est utile et agréable dans la société, toutes les fois qu'elle n'est pas poussée à l'excès, ce qui, dans ce dernier cas, la rendrait insuportable. Elle est funeste, quand elle devient personnelle. En effet, dans ce cas, on aime trop à se pardonner à soi-même, et alors inévitablement l'ont court à sa perte. D'après cela, le plus simple bon sens nous commande donc d'être complaisant pour autrui et rigide pour nous-mêmes.

CONCORDE. La *concorde* est cette bienfaisante et sainte union des cœurs et des esprits qui non-seulement réunit les hommes en société, mais qui, en même temps, les unit ensemble comme de vrais frères, leur faisant aimer et chérir leur réunion. L'on peut dire, sans crainte de se tromper, que la concorde est à toute société quelconque, ce que la santé du corps est au travail, ce que l'intelligence est pour l'étude : elle produit et fructifie, et cela d'autant plus, qu'elle est entière et complète. La discorde, au contraire, qui certainement est l'ennemie la plus acharnée de toute société quelconque, produit inévitablement tout l'opposé, et malheureusement, hélas! nous sommes forcé d'avouer que c'est cette dernière qui est la plus répandue dans notre humanité, preuve évidente de l'infériorité de notre monde terrestre, hiérarchiquement parlant.

CONFIANCE. La *confiance*, considérée sous son aspect purement humain et particulier, est cette assurance que l'on a de la probité, de la discrétion, du zèle, de l'amitié de quelqu'un, et qui fait qu'on a foi en lui, qu'on se repose sur lui. Prise dans son sens général, elle est cet état des personnes qui on confiance dans la stabilité d'un gouvernement, dans la situation des affaires commerciales et industrielles, etc. Avec la confiance, tout marche, tout prospère dans un État; vient-elle à manquer, tout s'arrête et alors généralement les plus grands malheurs s'ensuivent. L'on peut faire remarquer cette grande vérité, se rapportant à la confiance : c'est que, primitivement, elle s'accorde assez facilement; vient-elle à être déçue, elle renaît difficilement.

Si, maintenant, nous considérons la confiance sous son aspect *purement* spirituel, nous ferons remarquer que, dans ce cas, elle consiste uniquement dans notre confiance la plus absolue en

DIEU, notre Père *céleste* à tous, et notre *unique
soutien* dans ce monde et dans l'autre. — Pour
de nombreux renseignements sur notre confiance entière en DIEU, consulter notre *Guide du
Bonheur.*

CONNAISSANCE DE SOI. La *connaissance
de soi* consiste dans la faculté de connaître ce
qui se passe en nous, de percevoir nos idées, nos
sentiments, nos désirs et nos passions. Chez les
enfants, cette faculté se développe plus tard que
la connaissance des impressions et des change-
ments extérieurs. Les enfants ne sont pas encore
capables de porter leurs regards en dedans d'eux-
mêmes; l'expérience nous apprend même que
beaucoup de personnes ne s'élèvent jamais à une
connaissance claire de ce qui se passe en elles.
Malgré cela, il est de la plus haute importance,
pour le développement intellectuel, d'éveiller et
d'exercer de bonne heure cette espèce de connaissance intuitive; car elle est la source de la
vie intérieure, de la vie de l'âme, et, en même
temps, le seul moyen que nous ayons pour pouvoir corriger en nous ce qu'il y a de défectueux,
autrement dit pour pouvoir nous améliorer moralement; ce qui, nous le savons aujourd'hui, à
l'aide du Spiritisme, est pour ainsi dire le but
unique de la vie humaine. Nous savons, en effet,
d'après cette sublime et admirable Doctrine, que
notre vie actuelle n'est qu'une vie d'épreuves,

que nous subissons tous dans le but d'améliorer, moralement, l'Être spirituel qui est incarné en chacun de nous ; cette amélioration étant la seule qui puisse nous permettre, au sortir de cette vie d'expiation, de progresser dans le monde des Esprits, où nous devons tous aller, en quittant celui-ci. *Avis.*

CONSCIENCE. La *conscience* est ce sentiment sublime du bien et du mal que DIEU a tracé, en traits ineffaçables, au fond de notre cœur. Par son intermédiaire, toute Créature humaine se rend témoinage à elle-même du bien et du mal qu'elle fait ou qu'elle voit faire. La conscience est son guide, elle est à son âme ce que l'instinct est au corps ; de plus, amie sévère, conseiller fidèle, la conscience ne la quitte et ne la trompe jamais ; elle lui dit si elle fait bien ou mal, et toujours lui montre la bonne voie ; car, juge sévère et même tribunal infaillible et sans appel, la voix secrète de la conscience fait goûter, au juste, une paix douce au milieu des plus grandes afflictions, et cause, au coupable, des tourments cruels, dans le sein même de la joie la plus vive et des plaisirs les plus sensibles. Aussi, chers et bien-aimés Lecteurs, pouvons-nous dire avec un poëte que la conscience :

« C'est cette voix secrète et cet instinct suprême
« Qui, de sa volonté, précède et suit l'effet.
« Qui l'écoute est toujours en paix avec lui-même,
« Et qui veut la tromper y trouve son arrêt... »

CONSTANCE. La *constance*, qui n'est pas autre chose que l'assiduité à faire un travail commencé, est une vertu à laquelle il faut de bonne heure aguerrir les enfants, parce qu'elle est une des plus nécessaires et, en même temps, une des plus exposées. En effet, lorsque nous commençons un travail, nous sommes animés de toute la force des motifs qui nous ont engagés à l'entreprendre, nous sommes ensuite préoccupés des conséquences plus ou moins importantes qui pourront en résulter pour nous ou pour autrui, nous sommes enfin pleins de l'idée sur laquelle se sont fondées nos espérances de succès. Mais bientôt notre attention est contrainte de s'en détourner pour s'attacher aux détails de l'entreprise. La route alors nous distrait du but. Il faut oublier ce que nous avons voulu pour songer à ce que nous avons à faire, et perdre ainsi le stimulant du désir au moment du travail nécessaire pour l'accomplir. Si, à ce moment, notre volonté primitive nous fait défaut, nous sommes assurés que, *neuf* fois sur *dix*, nous trouverons de nombreuses raisons pour abandonner le travail commencé. Alors nous renonçons à tous les bons résultats sur lesquels nous comptions en le commençant et sur lesquels, le plus souvent, nous étions en droit de compter en l'achevant. Dans ce cas, le défaut de constance nous en fait perdre tous les fruits. La conclusion que nous pouvons tirer de ce que nous venons

de dire, est certainement la suivante : c'est que la
constance, ou la persévérance sa sœur, nous sont
essentiellement indispensables pour réussir dans
nos entreprises quelles qu'elles soient. — Soyons
lent à commencer un travail, soit matériel, soit
littéraire, mais une fois commencé, rappelons-
nous qu'il est de notre devoir de l'achever, en
usant de la constance la plus inébranlable ; sans
quoi nous nous rendons coupables, et forcément
nous rentrons dans cette catégorie de gens écer-
velés qui n'ont jamais rien fait de leur vie, tout
en ayant le plus entrepris.

CONVERSATION. La *conversation* est l'é-
change des idées, par le moyen de la parole,
entre deux ou plusieurs personnes. Sans aucun
doute, de toutes les facultés humaines, celle de
pouvoir converser avec ses semblables est la
plus précieuse pour l'homme. C'est par elle surtout que l'homme se distingue des animaux,
comme il s'en distingue par la faculté de concevoir, de coordonner, de méditer et de juger. Sans
elle, il serait privé des notions acquises à l'humanité, et traînerait, dans une continuelle enfance,
une existence individuelle, ravalée au-dessous
de celle de la bête. Mais, par la faculté de communiquer ses impressions et de recevoir celles
d'autrui, il éclaire, il agrandit le cercle de ses
connaissances, et il finit par savoir ce que sait sa
famille, sa cité, sa nation, la race entière des

6

hommes. La conversation unit les cœurs et les âmes (nous supposons, ici, qu'il y a accord entre les personnes qui conversent, ce qui, hélas ! n'existe pas toujours, nous en avons malheureusement des preuves trop nombreuses dans notre pauvre humanité) et existe partout. Elle existe dans la hutte du sauvage, dans la chaumière du paysan, comme dans le salon des riches ; elle est surtout animée, vive, hardie, salutaire, partout où plusieurs sont réunis. Elle est le souffle de vie et de liberté qui remue l'âme d'un cercle d'hommes. L'homme qui recherche avec plaisir la *conversation* porte une âme libre, un cœur aimant, et la joie et l'espérance ne le quittent point; le peuple qui aime la conversation sera toujours un peuple libre. Si, par accident, le despotisme impose le silence à la place publique, la liberté se retire ; alors la *conversation*, dans l'intimité, y enflamment les cœurs, y aiguisent les traits, y forgent les armes qui doivent renverser les tyrans.

CONVERSION. La conversion est le changement opéré par la persuasion dans les idées de quelqu'un. Ce mot s'emploie principalement lorsqu'il s'agit d'un changement de religion, ou bien d'une modification extraordinaire dans l'assentiment, la conduite, la moralité d'une personne. Dans ce dernier cas, il est synonyme du mot *amendement* (voir ce mot).

CORRUPTION. La pâleur de la figure et surtout des lèvres, un changement fréquent et prompt du teint; un relâchement des muscles de la figure, de l'embarras sous le regard d'autrui, des boutons sur le visage, une mauvaise odeur de l'haleine, un épuisement à chaque effort, sont les symptômes ordinaires d'un Être que ses mauvais penchants ont corrompu, surtout lorsqu'on remarque en lui : une inquiétude, une mauvaise humeur presque constantes; un engourdissement progressif des facultés de l'intelligence ; un extérieur triste et morne; un penchant marqué pour la solitude ; de l'éloignement pour les distractions bruyantes ; des postures peu décentes. Alors on peut être certain qu'il a contracté de déplorables habitudes.

Comment le guérir et lui faire reconnaître qu'il tend à se rendre malheureux par des manies nuisibles, que la chose est d'une importance plus grande qu'il ne le croie lui-même? Car cette faute tient autant à l'ignorance et à la faiblesse de l'individu qu'à une volonté mauvaise. Mais une fois connue et découverte, elle devient plus grave. Les funestes effets du vice sont d'ordinaire un abrutissement moral, une mort prématurée, sans compter le mépris des cœurs honnêtes, et la crainte continuelle de trahir son défaut qu'on cache avec le plus grand soin. Le moyen le plus efficace pour rompre avec de fatales habitudes, c'est la pensée de DIEU et des peines qu'il réserve

aù vice ; c'est l'idée constamment entretenue que
rien n'échappe aux lois immuables qu'il a établies de toute éternité, et que dans l'endroit le
plus secret et le plus obscur, le coupable, loin
de la présence des hommes, est encore en la
présence de DIEU, autrement dit subit forcément
l'arrêt des lois immuables susmentionnées.

COURAGE. Le *courage* est cette disposition
active ou passive, physique ou morale, par
laquelle nous nous sentons porté à entreprendre
quelque chose de hardi, de grand, à repousser
des dangers, à souffrir des revers ou des douleurs. Il se manifeste avec autant de formes qu'il
y a de variétés de caractères et de tempéraments.
On peut le classer en deux divisions : le *courage
actif* et le *courage passif.* L'homme, doué d'une
plus grande énergie vitale que la femme, possède
le courage actif; il est naturellement porté aux
rudes entreprises, et il triomphe des plus grands
périls. La femme apporte plus de passivité dans
le courage; elle a un courage de détails; elle
supporte avec résignation les douleurs les plus
longues et les plus aiguës, comme dans l'enfan-
tement par exemple. On remarque dans les
martyrologes chrétiens que la plus belle part
appartient aux femmes : elles se précipitaient
avec un courage mêlé d'enthousiasme au-devant
des persécutions. L'histoire fait également
connaître des actes d'intrépidité tellement remar-

quables de la part de quelques-unes (telles sont les femmes de Sagonte, Jeanne d'Arc, Jeanne Hachette, les Espagnoles au siége de Saragosse, etc.), qu'ils prouvent que la femme peut quelquefois égaler l'homme en *courage actif*. Disons ici, en terminant cet article, que le courage actif est le *courage martial*, tandis que le courage passif est le *courage moral*. L'un et l'autre sont également remarquables, mais nous ferons remarquer que le *dernier* est, pour nous tous, infiniment supérieur au *premier*, pour ce qui se rapporte à notre amélioration morale, but essentiel de la vie humaine ; c'est donc le plus méritoire et celui que, dans notre intérêt spirituel, nous devons rechercher le plus dans la vie.

CRÉDULITÉ. La *crédulité* consiste à croire tout ce que l'on entend dire, sans rien scruter, sans rien approfondir ; c'est la confiance humaine poussée jusque dans ses dernières limites. Nous ferons remarquer ici : que ce genre de défaut (car la crédulité en est un) fait ordinairement peu d'honneur à notre sagacité, qu'il annule complétement en nous, et très-souvent peut nous être plus ou moins nuisible, en nous occasionnant des déceptions, des désagréments quelquefois fort pénibles. — C'est de la *crédulité* qu'est née la *superstition*, qui est l'une des plaies les plus funestes et les plus regrettables de notre humanité terrestre ; et malheureusement, nous sommes forcé de le reconnaître, des plus répandus dans notre dite humanité terrestre. Espérons que l'instruction obligatoire ne tardera pas à la faire disparaître.

Concernant la *crédulité*, les meilleurs moyens à employer pour en garantir les enfants, sont les suivants : encourager l'esprit d'observation ; mettre en garde contre l'amour du merveilleux ; conseiller de ne croire que les gens dignes de foi ; présenter la crédulité comme un indice de légèreté et quelquefois de peu d'intelligence, voire même de véritable *stupidité*. — La croyance aux dogmes irrationnels du Catholicisme, disons-le en passant, est une preuve des plus convaincantes de ce que nous venons de dire; opinion tout à fait en rapport de conformité avec la maxime suivante, de l'un de nos plus célèbres critiques, Grimm, décédé l'an 1807 : *Il y a dans le cœur humain un fonds inépuisable de crédulité et de superstition.* Cette vérité est, en effet, de celles qu'il n'est pas possible de mettre en doute, après toutes les absurdités qui ont eu cours dans notre humanité, et qui, encore aujourd'hui, ont cours dans notre société actuelle, ce qui certainement, dans l'histoire, sera une tache monstrueuse et déplorable pour notre XIXᵉ siècle, qui cependant est un siècle de lumière, nous devons le reconnaître.

CRIME. Le crime est la violation de la loi

morale qui implique la perversité la plus profonde. Il serait difficile de le définir. Rien de plus relatif, en effet, que les actions humaines suivant les époques. Le crime est comme l'erreur, comme la vertu, comme la vérité. Erreur et crime en deçà de telle barrière nationale, provinciale ; vertu et vérité au delà, et il en est ainsi pour les actes les plus simples. La culpabilité dépend d'abord, devant la morale absolue, de la condition sociale de l'agent, de l'éducation qu'il a reçu, du milieu qu'il a traversé, des préjugés qu'il a contractés. En outre, il faut considérer les circonstances dans lesquelles il s'est trouvé, les passions qui l'ont dominé et les motifs qui ont dicté sa résolution. Les deux sources du crime sont l'ignorance et la misère ; aussi la société, au lieu de frapper sans cesse, devrait-elle faire trêve à sa colère, sonder le mal avec sollicitude et chercher à le guérir. « Il n'y a point d'année, disait Voltaire, où quelques juges de province ne condamnent à une mort affreuse un père de famille innocent, et cela tranquillement, gaiement, comme on égorge un dindon dans sa basse-cour. On a vu quelquefois la même chose à Paris. » Les choses ont-elles changées depuis Voltaire ? Hélas ! non ; le dernier empire, de triste mémoire, nous en a donné des preuves malheureusement beaucoup trop nombreuses. De son temps, en effet, on a jugé, condamné, exilé, guillotiné, et le crime s'est élevé des couches

inférieures aux couches supérieures, le mal, on
peut le dire, allait se perpétuant. Néanmoins,
nous devons le reconnaître, les *Socialistes* et les
Spiritualistes, à notre époque, et particulièrement les *Spirites*, ont contribué, par la propa-
gation des idées humanitaires et des principes
d'amour, de cha...té, de tolérance, à atténuer le
mal, à amoindrir les causes fatales du crime.
Dans un avenir prochain peut-être, une meilleure
répartition des richesses sociales (disons ici que
cette répartition s'est beaucoup améliorée depuis
le dernier siècle et s'améliore encore tous les
jours), l'organisation du travail, l'éducation
commune, gratuite et obligatoire, auront fait
disparaître la misère et l'ignorance, les deux
pourvoyeuses principales du *crime*. Et certainement les *croyances spirites,* sur le châtiment
réservé à ceux qui enfreignent les lois de DIEU,
achèveront l'œuvre de moralisation et effaceront
le crime de la terre. — Pour être convaincu de
cette grande et sublime dernière vérité, prendre
connaissance de notre *Catéchisme universel,* ou
bien encore de notre *Philosophie spirite.*

CROYANCE. La *croyance,* comme la *crédulité,* consiste à croire ce que l'on nous dit ou
nous enseigne. Seulement elle a un très-grand
avantage sur cette dernière : c'est que pour croire,
elle veut comprendre ; sans cela elle deviendrait
crédulité. Elle diffère également de la foi catho-

lique, apostolique et romaine, en ce sens : que
la vraie croyance est une persuasion déterminée
par quelque motif que ce puisse être ; tandis que
la foi catholique est une persuasion forcée et
obligatoire, imposée par ceux qui l'enseignent,
obligeant forcément de croire, sous peine d'être
damné pour l'éternité. Cette dernière convient
essentiellement aux enfants peu intelligents, aux
femmes crédules qui ont plus de confiance dans
leur confesseur que dans leur propre raison;
enfin elle convient surtout aux peuples primitifs
en général. — A nos bien-aimés Lecteurs eux-
mêmes d'apprécier, de juger de quel côté est la
vérité, entre les enseignements du Catholicisme
et ceux du Spiritisme, dont il leur sera facile de
prendre connaissance dans nos humbles écrits
spirites, et bien mieux encore dans les importants écrits spirites d'Allan Kardec, dont nous
sommes heureux de nous reconnaître le très-
humble disciple.

CRUAUTÉ. La *cruauté* est cette inclination
que certaines personnes, réellement à plaindre,
ont à vouloir répandre le sang, à faire souffrir.
Cette inclination purement animale, a eu, comme
toutes les autres, ses perfectionnements, en sup-
posant qu'on puisse appeler ainsi ses raffine-
ments de cruauté dont l'histoire de notre humanité fait malheureusement trop souvent mention,
lesquels la déshonorent au point de rabaisser les

malheureux qui s'en sont rendus coupables, bien
au-dessous de la brute elle-même, et même des
bêtes féroces. En effet, quoi de plus déshono-
rant pour notre humanité terrestre que les
monstres qui, autrefoic, ont établi l'Inquisition
avec toutes ses cruautés et ses tortures sans
nom, qui ont fait les dragonnades, la Saint-Bar-
thélemy, etc., tous monstres d'autant plus coupables et d'autant plus méprisables, qu'ils ont
commis leurs infâmes cruautés en se servant du
saint nom de DIEU, notre Pèrե céleste à tous.
Les malheureux, ils ne se sont pas contentés
d'être cruels, ils ont été aussi des *blasphémateurs.*
Quant aux cruautés particulières, qui se voient
malheureusement trop souvent dans notre humanité, nous n'en parlerons pas ici.

CULTE. Le *culte* n'est pas autre chose que la
manifestation de la piété, autrement dit l'ensemble des actes extérieurs qui sont le résultat
des pensées religieuses. — Pour de nombreux
renseignements se rapportant au culte, consulter
notre *Catéchisme universel*, page 60 et suivantes.

CUPIDITÉ. La *cupidité*, dans son sens général, consiste dans une ardente convoitise, dans
un désir immodéré de posséder et de jouir des
biens et des plaisirs terrestres. Dans un sens
plus spécial, la cupidité consiste dans une grande

avidité d'argent, une soif insatiable, un amour
effréné du gain et de la propriété.

Il y a eu une époque où faire sa fortune était
l'affaire de toute la vie. Sur le profit de chaque
journée on prélevait la réserve de l'avenir; l'âge
du repos arrivé, on travaillait encore par habitude; les fils faisaient comme les pères, fiers de
continuer leur ouvrage, désireux de le trans-
mettre à de bonnes mains. Ce travail, ces ré-
serves, ces vertus accumulées fondaient, au milieu du respect général, ces solides maisons qui
se perpétuaient de familles en familles.

Aujourd'hui, on veut faire fortune en un jour;
une illumination d'esprit, une aventure hardi-
ment courue, a remplacé la longue épargne. Il
n'y a rien à dire contre les fortunes particulières
ainsi acquises, quand elles l'ont été honnêtement,
et quand, une fois acquises, elles sont noblement
administrées; mais ce soin est rare : l'âme ne
s'élève pas nécessairement avec la condition, et
c'est merveille, si, après cette première violence,
on ne force pas la vie à nous livrer les autres
joies qu'elle renferme, les joies de l'orgueil et de
la volupté. Nous le répétons, il n'y a rien à dire
contre les fortunes particulières; mais, comme
régime d'une nation, cette hâte de s'enrichir
n'est pas salutaire, et tôt ou tard elle deviendra
funeste, si on n'y porte pas remède. En effet,
substituer l'excitation du jeu à l'effort, de la persévérance à celle de la volonté, on ne peut rien

gagner et l'on a tout à perdre. Une nation, en un mot, qui se trouve dans un pareil cas et qui ne fait rien pour en sortir, court sûrement à sa ruine plus ou moins complète. C'est, en effet, le sort qui l'attend inévitablement, si elle ne sait pas s'en préserver à temps.

CURIOSITÉ. L'acception du mot *curiosité* est très-étendue et peut être un vice ou une vertu. Elle est un vice, quand elle a pour but l'indiscrétion, l'espionnage, le désir de pénétrer les secrets d'autrui ; elle est une vertu, quand elle a pour but de s'instruire en toutes choses utiles et nécessaires. Cette dernière est la seule honorable et digne d'éloges ; l'autre est honteuse, regrettable et même coupable et, de plus, s'attirent en tout temps la réprobation générale ; c'est tout ce qu'on peut dire d'elle, aussi ne mérite-t-elle pas qu'on s'en occupe davantage. La curiosité digne d'éloges, celle qui a pour but l'instruction, est la seule qui soit légitime chez les enfants. Aussi, lorsqu'ils ont le bonheur de la posséder, doit-on toujours chercher à l'augmenter en eux ; si cela est possible, tout en cherchant à la diriger dans le sens le plus convenable. Ne rejetez aucune de leurs questions et répondez toujours sérieusement à celles qu'ils vous adressent. Ainsi, par exemple, à la campagne ils voient un moulin et ils veulent savoir ce que c'est : il faut leur expliquer comment se prépare le principal aliment qui nourrit l'homme. Ils aperçoivent des moissonneurs : il faut leur expliquer ce qu'ils font, comment on sème le blé et comment il se multiplie dans la nature. A la ville, ils voient des boutiques où s'exercent plusieurs arts et où l'on vend diverses marchandises : il faut leur expliquer la grande utilité du commerce, des travaux d'art, etc. Enfin, il ne faut jamais être importuné de leurs demandes; ce sont des ouvertures que la nature leur offre pour faciliter leur instruction; témoignez y prendre plaisir; par là, vous leur enseignez insensiblement comment se font toutes choses qui servent à l'homme et sur lesquelles roule le commerce. Peu à peu, sans étude particulière, ils connaîtront la bonne manière de faire toutes ces choses qui sont de leur usage et le juste prix de chacune, ce qui est le vrai fond de l'instruction première.

DÉCENCE. Ce mot, dans son acception la plus étendue, s'entend de cette harmonie, de cette concordance parfaite qu'à l'intérieur nous gardons avec tels ou tels usages, telles ou telles coutumes dominantes, et qui, en général, ont

pour but le règlement et l'honnêteté des mœurs.
La décence, même celle qui ne parle qu'aux
yeux, se modifie avec les localités et les personnes : ainsi, la décence qui est propre à telle
société n'est pas propre à telle autre ; celle qu'on
exige dans les églises, par exemple, n'est pas
celle qui existe dans les cercles... Si la décence
conduit aux bonnes mœurs, elle ne les donne
pas. Il est des gens qui, à l'extérieur, sont irré-
prochables, et qui, dans le mystère, manquent
à leurs devoirs : le monde n'a rien à leur reprocher:
cher: il ne leur reste plus qu'à compter avec
leur conscience.

Les meilleurs moyens à employer pour façonner les enfants à la décence, sont les suivants :
veiller sur leur imagination. — Les préserver du
contact du vice. — Gagner leur confiance, pour
attirer leurs confidences. — Diriger leurs penchants vers un but élevé. — Choisir leurs relations. — Leur inspirer le goût d'un travail qui
captive l'esprit. — Exciter le mépris des propos
et des actes grossiers. — Les soumettre à l'influence des femmes honorables et distinguées. —
Les habituer à la propreté et à la pudeur. — Les
vêtir avec goût, convenance, mais sans luxe. —
Exiger une tenue modeste et réservée. — Recom-
mander envers les inférieurs de la complaisance,
un langage poli. — Proscrire les prétentions. —
Ne permettre que rarement les plaisirs qui agi-
tent les sens. — Ne pas tolérer entre plusieurs

une trop grande familiarité. — Interdire la lecture des romans. — Ne pas permettre trop tôt la fréquentation des sociétés nombreuses et brillantes.

DÉCOURAGEMENT. Le *découragement* est une absence complète de volonté, de courage et d'énergie, qui ôte toute envie de faire quelque chose pour nous délivrer de ce qui nous gêne ou nous nuit. Il provient toujours d'un esprit étroit, d'une âme faible. Le découragement ôte à l'homme toute l'énergie dont il a besoin, et le renferme dans un cercle fatal dont il ne peut sortir. Il se décourage, parce qu'il ne réussit pas; il ne peut réussir, parce qu'il est découragé.

DÉDAIN. Le *dédain* est un sentiment de mépris qui trouve son expression dans l'air, le ton, les gestes, les actes et le maintien d'une personne à l'égard d'une autre personne ou de plusieurs autres personnes, comme à l'égard de toutes choses en général. Ce sentiment manque complétement de bienveillance et de charité, ce qui le rend des plus coupables, principalement quand il se produit à l'égard d'autrui. Aussi est-il de toute nécessité d'en préserver, le plus possible, les enfants dont le caractère y est prédisposé, et cela par de sérieuses réprimandes toujours faites à propos...

DÉFIANCE. La *défiance* n'est pas autre chose qu'un soupçon, qu'une crainte qu'on éprouve d'être trompé, surpris; doute qui fait qu'on ne se livre qu'après examen et réflexion. C'est un sentiment qui tient de la prudence, quand il n'est aucunement exagéré, dans ce cas c'est une qualité; dans le cas contraire, il devient un vice, même des plus regrettables; car alors tous bons rapports sociaux sont impossibles. *Un peu de défiance, ne peut pas nuire; beaucoup nuit toujours,* dit un ancien proverbe, qui malheureusement, dans notre humanité, a trop sa raison d'être.

En outre du genre de défiance dont nous venons de parler, il en existe un autre qui n'est pas moins important pour chacun de nous : *c'est la défiance de nous-mêmes.* Elle consiste à n'avoir pas une trop grande confiance dans nos propres forces, dans notre capacité, dans notre courage, dans notre vertu; ce qui ne peut que les augmenter en nous et nous engager à prendre des précautions souvent utiles. Dans le cas contraire, une trop grande confiance en nous-même, nous engourdit et nous laisse très-souvent à la merci des événements les plus fâcheux. Pour ce genre de confiance existe un autre proverbe qui est celui-ci : *beaucoup de défiance en nous-même, nous fortifie; trop, nous affaiblit.*

DÉLICATESSE. La *délicatesse* est cette aptitude à juger finement ce qui concerne les sens et l'esprit. Elle diffère de la finesse, en ce sens qu'elle est la finesse du sentiment; tandis que la finesse est la délicatesse de l'esprit. Une observation importante est à faire ici : c'est que la délicatesse ne doit jamais se changer en susceptibilité. Car, dans ce cas, l'on se rend malheureux et l'on devient insupportable à tout le monde.

DÉSESPOIR. Le *désespoir* consiste dans la perte de toute espérance, ce qui est un sentiment toujours blâmable dans l'homme; car c'est un signe d'extrême faiblesse, de lâcheté même, et toujours devient crime, ainsi que le fait fort bien remarquer le poëte Gresset, dans le distique suivant :

> « Le désespoir n'est point d'une âme magnanime;
> « Souvent il est faiblesse et toujours il est crime. »

Naturellement si le poëte Gresset dit que le désespoir est toujours un crime, c'est parce que c'est l'indice d'un manque de confiance absolue en DIEU, notre Père céleste à tous, ainsi que l'a dit si souvent le Christ dans les quatre Évangiles, et parce qu'ensuite il peut nous porter à des excès les plus regrettables. Ce que nous venons de dire concernant notre manque de confiance absolue en DIEU, nous rappelle cette admirable et sublime missive que notre chansonnier, le trèsspirituel Béranger, écrivit de son temps à un jeune poëte souffrant et découragé : « Moi aussi,

7

lui dit-il, j'ai été malade, j'ai été profondément triste; j'étais bien pauvre, et je n'avais pas reçu d'éducation. Mais je faisais des vers, mais surtout *j'avais confiance en DIEU.* Cette confiance ne m'a jamais abandonnée, et *j'espère qu'elle sera mon oreiller de mort.* Oh! monsieur, si cette confiance est en vous, cramponnez-vous après elle. » Vous voyez, elle a sauvé un pauvre chansonnier, fort mauvais sujet, dit-on.

DESSIN. Le *dessin* est l'art d'imiter par des délinéations les formes des objets. C'est un art que la nature favorise chez les enfants dès l'âge le plus tendre; les jeunes enfants, en effet, montrent un grand désir d'esquisser les objets qui leur sont familiers; ils se plaisent à des imitations qui parlent à leur imagination; mais tout intérêt disparaîtrait si on ne leur donnait à dessiner que des portions d'objets.

Il faut donc en ce point suivre les conseils de la nature, et présenter d'abord à l'enfant les formes complètes, mais simples. Ici, comme en toute chose, l'élève doit passer du simple au composé. C'est en s'appliquant d'abord à saisir l'ensemble d'un modèle, soit d'après nature, soit d'après une copie et en subordonnant le détail à ce premier travail, que l'œil se forme à l'harmonie des proportions, et qu'une exécution rapide et hardie peut s'acquérir. Seulement il est essentiel, dans les premières instructions qu'on donne à l'enfant, d'employer toujours les termes techniques en rapport avec l'art, et de désigner par son propre nom chaque partie du modèle. Par là, l'enfant acquiert non-seulement des locutions propres au sujet si intéressant des beaux-arts, mais son vocabulaire s'enrichira aussi sur beaucoup d'autres sujets, suivant qu'il dessinera des figures géométriques, des plans d'architecture, des paysages, des fleurs, des animaux, des figures humaines, etc. — Disons ici, en terminant cet article, que le dessin a un très-grand avantage : c'est de donner de l'occupation quand on a rien à faire, et nous le savons, l'oisiveté est la mère du vice.

DÉSOBÉISSANCE. La désobéissance consiste à ne pas vouloir faire ce qu'on nous commande. Ici une double observation est à faire. La première, c'est que la désobéissance est une faute, toutes les fois que ce qu'on nous commande a sa raison d'être; alors, dans ce cas, l'on est coupable et répréhensible. La seconde, c'est que, dans le cas contraire, et principalement lorsqu'elle peut être avantageuse à soi ou à autrui, elle est une qualité et même une vertu dans bien des circonstances.

DÉSORDRE. Le mot *désordre* a deux significations essentiellement différentes, qui sont : le *désordre physique* et le *désordre moral*. Le premier consiste dans le dérangement, la confusion, le pêle-mêle des objets, qui ne sont pas dans l'état, dans la disposition où ils devraient être. Le second consiste dans une conduite déréglée, souvent contraire à la morale et toujours funeste à celui ou ceux qui s'en rendent coupables. La raison en est simple : c'est parce qu'on se défie toujours des gens à qui le désordre ne coûte aucun souci et cette défiance n'est jamais avantageuse pour celui qui se l'attire. En un mot, on peut dire avec toute raison : que le premier, presque toujours produit la ruine ; que le second, fait de nous des misérables.

DETTE. Le mot *dette* désigne toutes choses dues, autrement dit toute obligation, tout engagement pris pour un motif quelconque, à l'égard d'autrui. On ne peut être honnête qu'en payant ses dettes légitimement dues ; mais combien ne voit-on pas de gens qui oublient ce devoir sacré et qui, malgré cela, ont l'audace de vanter leur bienfaisance, ainsi qu'en fait mention le distique suivant :

> On ne sait ce que c'est que de payer ses dettes,
> Et de sa bienfaisance on emplit les gazettes.
> (COLLIN D'HARTEVILLE.)

DEUIL. Le *deuil* n'est pas autre chose que la manifestation extérieure de la douleur qu'on éprouve dans certaines circonstances malheureuses et surtout des regrets que laisse dans notre cœur la perte d'une personne aimée. De tout temps le deuil s'est manifesté de différentes manières, tant chez les anciens que chez les modernes, suivant les pays où il se produit. Chez les anciens, par exemple, tel que chez les Israélites, les marques de deuil étaient de déchirer ses habits aussitôt que l'on apprenait une mauvaise nouvelle ou que l'on se trouvait présent à quelque grand mal, comme un blasphème ou tout autre crime contre DIEU; de se battre la poitrine, de mettre les mains sur la tête, la découvri en ôtant la coiffure, et y jeter de la poussière ou de la cendre au lieu de parfums qu'ils y mêlaient dans la joie. Tant que durait le *deuil*, il ne fallait ni s'oindre, ni se laver, mais porter des habits sales et déchirés; on avait les pieds nus, aussi bien que la tête, mais le visage couvert, et le jeûne était obligatoire. A la mort d'un parent ou d'un ami, les femmes elles-mêmes se souillaient la tête de fange, se découvraient les seins, les frappaient, et, courant les rues et les places, les faisaient retentir de leurs regrets. — Les Perses, entre autres signes de deuil, coupaient les crins de leurs chevaux. — Chez les Grecs, le deuil se manifestait dans l'extérieur de la personne et par la forme et la couleur de ses vêtements. Ils cessaient dans ces occasions de paraître dans les banquets et dans les jeux; ils bannissaient de leur demeure les instruments de musique et tout ce qui donnait l'idée de fête et de réjouissance. A

la mort d'un citoyen revêtu d'une charge importante ou d'un personnage du plus haut rang, ou de
toute calamité terrible, les assemblées publiques
étaient suspendues, les lieux d'exercice, les bains,
les boutiques, les temples fermaient aussitôt; les
places étaient désertes, et la ville entière n'offrait
que l'aspect du deuil et de la désolation. — A
Rome, du temps de la République, les femmes
portaient le *deuil* en habit noir; elles le portèrent
en blanc sous les empereurs. Les hommes s'ha-
billaient généralement en noir, laissaient croître
leurs cheveux et leur barbe, quittaient les an-
neaux d'or. Ceux qui étaient dans le *deuil* ne
quittaient point leur maison; lorsqu'ils commen-
çaient à sortir, ils fuyaient les festins, les assemblées et les fêtes publiques. Chez les modernes,
tel que chez les habitants de la Corée, du Ton-
quin, chez les Japonais, les Mingréliens, les
Indiens de l'Amérique du Nord, etc., le *deuil*
donne lieu à des pratiques assez singulières : les
uns s'abstiennent de la cohabitation avec leurs
femmes; les autres fuient leurs habitations pendant des années entières, couchent à terre et
s'astreignent à une abstinence rigoureuse. — En
Europe, la livrée ordinaire du *deuil* est le noir,
symbole de la privation de la vie, parce qu'il est
la privation de la lumière. Cependant, en Tur-
quie, la couleur reçue est le bleu ou le violet. —
Les crêpes et les teintures noires sont, en France,
les principaux attributs de *deuil*. Quant à sa du-

rée, l'usage la fixe ainsi : pour un mari, *un an et six semaines* ; pour père et mère, *six mois* ; autant pour l'épouse ; aïeul et aïeule, *quatre mois et demi* ; frère et sœur, *deux mois* ; oncle et tante, *trois semaines* ; cousin germain, *quinze jours* ; cousin issu de germain, *huit jours.*

DEVOIR. Le *devoir* est une règle purement intérieure appréciée par la raison et reconnue par la conscience. C'est une règle dont rien ne peut nous affranchir, parce qu'elle ne dérive pas d'une convention, ni d'une volonté plus ou moins arbitraire. Pour bien remplir son devoir ici-bas : il faut faire tout ce qui peut être utile et agréable aux autres, dût-il sur le moment en résulter un léger préjudice pour nous, humainement parlant. C'est pourquoi le devoir n'est pas toujours facile à accomplir et quelquefois même est plus ou moins pénible ; mais quelque difficile et quelque pénible que nous paraisse son accomplissement, nous devons quand même faire tous nos efforts pour accomplir ce qu'il nous commande de faire, fût-ce même plus ou moins aux dépens de notre repos personnel actuel. La raison en est simple : c'est parce que si humainement nous en souffrons ici-bas, spirituellement nous en aurons plus tard notre récompense, dans la vie spirituelle qui nous attend après celle-ci ; vie spirituelle dont il nous est impossible de pouvoir nier l'existence. — Pour tous ceux de nos Lecteurs qui seront

susceptibles de la mettre en doute, nous les
renvoyons à l'un quelconque de nos humbles
écrits désignés au dos de la couverture de celui-
ci, mais principalement aux deux derniers, ou
bien encore le premier.

DÉVOT. On appelle *dévot*, celui qui est
attaché aux pratiques religieuses. Sans aucun
doute, le bon sens nous dit, qu'il ne devrait pas
y avoir deux sortes de dévots ; tandis que l'expérience journalière nous apprend le contraire. En
effet, à la honte de notre humanité terrestre,
nous sommes, hélas ! forcé de reconnaître qu'il
en existe deux : le vrai et le faux. Le dernier est
assurément l'Être humain le plus immoral qui
existe dans la société et généralement inspire la
plus grande antipathie, la plus profonde pitié.
Quant au premier, nous sommes heureux de
pouvoir le dire ici : les sentiments qui l'animent
sont toujours des plus honorables et tout à fait
dignes d'éloges ; seulement nous ferons remarquer
que, fort souvent et même presque toujours, sa
dévotion est par trop *enfantine* et *peu sensée*,
conséquence naturelle de l'infériorité de notre
humanité terrestre, par rapport aux autres
humanités terrestres de l'espace, du moins de
la majeure partie, ainsi que nous en faisons
mention dans notre *Philosophie spirite* et dans
notre *Catéchisme universel*.

DÉVOTION. La véritable *dévotion* (quant à la fausse, nous n'en parlerons pas, tellement elle nous paraît infâme et digne de la plus profonde pitié) est le dévouement à DIEU et la régularité à le servir. Nous dirons de la véritable dévotion ce que nous avons dit du vrai dévot : c'est que, dans notre société humaine, les actes de dévotion sont généralement *enfantins* et peu *sensés*, quelquefois même complétement irrationnels, tandis qu'ils devraient toujours s'adresser au *Seul* et *Unique* Créateur et Dispensateur de toutes choses, DIEU, notre Père *céleste* à tous, comme le dit si souvent Jésus-Christ dans les quatre Évangiles ; et consister ensuite en acte de charité envers autrui, notre frère spirituel, puisque nous avons tous le même Père *céleste*. D'après cela, nous sommes donc amené à reconnaître que la véritable et pure dévotion doit toujours provenir de la charité la plus étendue, ayant pour *base* l'amour de DIEU. *Avis aux dévots.*

DÉVOUEMENT. Le *dévouement* est cette disposition morale qui nous porte à subordonner les intérêts de notre Être à des intérêts de choses ou de personnes placées en dehors de nous. Il est instinctif ou raisonné : instinctif, il se produit instantanément, sans réflexion aucune ; raisonné, il est quelque temps sans se produire et est toujours la conséquence du raisonnement. Le pre-

mier agit presque toujours sans se rendre bien
compte de l'action qu'il accomplit ; chez lui, le
cœur précède la raison. Le second, au contraire,
agit toujours après une réflexion plus ou moins
longue ; c'est la raison qui précède le cœur.
Mais que le dévouement soit instantané ou
réfléchi, dans tout homme honnête et sage, il
est obligatoire. Aussi, est-il de notre intérêt de
nous conformer toujours au sublime enseignement du quatrain suivant :

> Aux intérêts d'autrui sacrifions les nôtres,
> Et souffrons s'il le faut pour le bonheur d'autrui ;
> C'est bien ce que faisaient autrefois les apôtres,
> Et ce que la vertu fait encore aujourd'hui.

DEXTÉRITÉ. La *dextérité* consiste à faire
adroitement, et pour ainsi dire sans difficulté,
une chose plus ou moins difficile. La dextérité
tient beaucoup de l'exercice. C'est, en effet, en
faisant souvent une même chose que nous arri-
vons à en vaincre toutes les difficultés, quelque
grandes qu'elles soient, ainsi que nous l'apprend
cette vieille et véridique maxime : *L'habitude est
une seconde nature.*

DIEU. DIEU est la cause première de toutes
choses. Les preuves de son existence sont innombrables. Celle que l'on donne le plus communément est la suivante : *C'est qu'il n'y a pas d'effet
sans cause, et puisque nous apercevons une*

multitude d'effets, il y a donc une cause pre-mière, qui est DIEU. Cette opération de l'esprit atteste l'existence de DIEU, autant qu'elle est attestée par notre conscience elle-même.

Nous ferons remarquer ici, qu'il existe une grande et sublime vérité qui nous paraît indiscutable, tellement elle se trouve d'accord avec la raison la plus éclairée et la plus pure, voire même avec le plus simple bon sens : c'est que, suivant notre plus ou moins de *supériorité morale*, nous avons tous l'idée innée de l'existence de DIEU, plus ou moins imbue en nous. Maintenant veut-on une preuve que l'existence de DIEU est innée dans toute Créature humaine ? Pour cela, nous ferons remarquer que la négation de son existence par les Matérialistes et les Positivistes est elle-même une preuve à l'appui de la grande et sublime vérité que nous venons d'émettre. En effet, une chose ne peut préoccuper tout le monde qu'à la condition d'être innée en chacun, sans quoi son effet ne saurait être *universel.* Cette vérité nous paraît sensément indiscutable. Est-il rationnel d'admettre maintenant, qu'une idée innée et universelle puisse être une idée fausse ? Certainement le sens commun le plus primitif nous dit qu'une telle manière de voir ne peut avoir sa raison d'être. *Maintenant concluez vous-mêmes, bien-aimés Lecteurs ?*

DIGNITÉ. La *dignité* consiste dans le respect

de toutes les convenances envers les autres et envers soi-même, qui se manifeste par la réserve dans le discours, le calme dans le maintien, l'égalité dans le caractère, la prudence dans les actions. Il existe, en effet, une certaine dignité dans la conduite et les manières, absolument nécessaire au caractère le plus estimable pour lui concilier tout le respect qui lui est dû.

Les jeux ridicules et grossiers, les éclats de rire fréquents, les railleries, les espiégleries, une familiarité commune sans distinction de personnes, avilissent le mérite et le savoir, font un bon vivant ou un plaisant, qui n'est pas un homme respectable. La familiarité déplaît aux supérieurs, enhardit les inférieurs; un railleur, comme un bouffon, n'annonce pas un d'homme d'esprit. Il est peu honorable d'être appelé dans une société uniquement parce que l'on a une belle voix, de l'adresse à bien danser, un caractère toujours riant, l'habitude de jouer gros jeu ou de bien boire.

La noblesse dans les manières diffère autant de l'orgueil que le vrai courage des rodomontades. On répond à l'orgueil par le mépris. Une basse flatterie dégrade, une contradiction sans choix ennuie, et dégoûte; une exposition simple et modeste de son sentiment, jointe à une complaisante docilité pour les opinions d'autrui, conserve notre dignité dans tout son lustre.

DISCIPLINE. Le mot *discipline*, désigne un réglement, une règle de conduite, commune à tous ceux qui font partie d'une réunion plus ou moins nombreuse de personnes. Nous ne parlerons ici que de la discipline des écoles, en faisant connaître les meilleurs moyens de la maintenir. Ces moyens sont les suivants : convaincre ses élèves qu'on les aime. — Ne jamais donner un ordre sans être résolu de le faire exécuter. — Entretenir un sentiment d'amour pour l'ordre et pour le bien. — Observer une stricte impartialité. — Respecter quelquefois la susceptibilité de certains caractères, de certains âges. — Ne pas changer souvent de règle de conduite. — Faire en sorte que chaque enfant ait une chose utile à faire et un motif pour ne pas la négliger. — Donner l'exemple de l'exactitude et de la fidélité à la règle. — Ne tolérer que rarement des rapports continuels entre les mêmes élèves. — Se défier de tout élève taciturne qui cherche l'isolement. — Surveiller les liaisons entre camarades. — Maintenir l'ordre dans les rangs, quand tout change de lieu ou d'exercice. — Éveiller le sentiment de ce qui est noble et grand. — Exiger l'obéissance et l'activité. — Imposer des règles claires, précises, peu nombreuses. — Se rapprocher, autant que possible, des usages bienveillants et polis d'une bonne éducation particulière. — Faire sentir que la moralité seule donne du prix aux acquisitions de l'intelligence. — Donner avec publicité les bons témoignages de satisfaction. — Lire en présence de tous les élèves ce qui concerne chacun d'eux. — Ne pas prodiguer les récompenses, pour que chacun d'eux attache une certaine valeur au témoignage de la conscience. — Infliger les punitions d'après un réglement, en tenant compte des circonstances atténuantes. — Passer une revue fréquente des travaux. — Veiller à n'être pas trompé. — Exiger d'une manière régulière les devoirs pour un même temps déterminé, en insistant sur une bonne écriture. — Obliger chacun à une tenue convenable, à une grande propreté. — Faire prendre l'habitude de ne commettre aucun dégât, et punir à ce sujet toute infraction au bon ordre. — Ne pas paraître remarquer tous les délits, afin de se ménager le temps et les moyens d'y apporter remède. — Ne pas permettre des rapports trop intimes entre des âges trop différents. — Ne pas céder aux sollicitations des parents qui demandent trop de concessions ou de priviléges non suffisamment motivés.

Tout instituteur qui s'étudiera à maintenir tous ces principes dans son école sera assuré d'y obtenir une discipline réellement digne d'exemple, ce qui ne pourra lui valoir que d'excellentes notes auprès de ses supérieurs et par suite lui attirer des compliments, qui flattent toujours, et quelquefois un avancement, qui ne flatte pas moins....

DISCRÉTION. La *discrétion* est cette qualité qui nous porte à avoir de la réserve, de la retenue, de la prudence, dans nos discours et dans nos actions, pour ne point blesser les bienséances. Elle est à l'âme ce que la pudeur est au corps. Un homme discret ne dit jamais du bien de lui, ni du mal des autres; il se contente d'écouter, de ne jamais rien dire de trop; il se fait un devoir inviolable de ne jamais divulguer un secret qui lui a été confié, et cela par la raison bien simple qu'il sait apprécier tout le mal qui peut résulter du manque de discrétion, ainsi que nous le fait observer le quatrain suivant :

> De l'indiscrétion craignons l'effet funeste.
> Celui qui sur chacun va disant ce qu'il sait,
> Ne peut pas se douter de tout le mal qu'il fait;
> Il brouille tout le monde et chacun le déteste.

DISTRACTION. La *distraction* est une sorte d'adhérence de l'esprit à une série de réflexions ou d'idées internes qu'il poursuit involontairement, en abandonnant par moment les sensations extérieures. Elle a pour cause générale l'impuissance de la volonté à gouverner l'intelligence. Tantôt cette impuissance provient de la lassitude, de l'attention trop longtemps fixée sur un même objet : l'esprit alors a besoin de se reposer en changeant d'exercice; tantôt elle résulte du vif intérêt que présentent les objets extérieurs qu'assaillent nos sens, ou les pensées excentriques

qui, au milieu de nos réflexions, viennent se jeter à la traverse, en vertu de l'association des
idées; trop souvent elle est la suite d'une invin-
cible insubordination de l'intelligence, à qui,
faute de la discipliner à temps, on a laissé prendre des habitudes de vagabondage. Ce dernier
cas, le plus défectueux de tous, rend tout homme
qui en est affecté très-désagréable en compagnie.
La raison en est simple : c'est parce que, inévitablement, il manque à tous les devoirs ordinaires
de la civilité; il paraît ne pas connaître aujour-
d'hui les gens avec lesquels il paraissait hier vivre
intimement; il ne prend aucune part à la conversation générale, mais, au contraire, il l'inter-
rompt de temps en temps, avec quelque écart de
son propre cru, comme s'il sortait d'un rêve.
Tout cela naturellement ne peut que le rendre
ridicule et tout à fait antipathique aux personnes
avec qui il se trouve en société.

DOUCEUR. La *douceur* consiste à être avec
tout le monde, et cela en tout temps, patient,
calme, d'une humeur toujours égale et en aucune
manière irritable. Nous ferons remarquer ici qu'il
est plus difficile de définir que de faire ressortir
les défauts qui lui sont opposés, lesquels sont les
suivants : avoir du ressentiment contre ceux qui
nous ont offensés; — en parler avec aigreur et dé-
sirer s'en venger; — s'emporter contre eux; —
montrer sa colère par des paroles ou des traite-

ments mauvais; — faire des reproches trop piquants ou des plaintes trop amères ; — regarder les fautes d'autrui plus avec indignation qu'avec pitié, et être peu disposé à recevoir les excuses ou à pardonner les faiblesses; — reprendre les fautes des autres avec emportement, aigreur, chaleur, hauteur ; — punir ces fautes plus qu'elles ne méritent, au lieu d'alléger la punition; — contester avec trop d'opiniâtreté le sentiment d'autrui; — refuser avec sécheresse et dureté les choses faciles à accorder ; — manquer à adoucir la rigueur d'un refus nécessaire.

Quant aux moyens pour acquérir la douceur, ils sont les suivants : Faire des lectures sur la douceur ; — méditer sur les exemples de douceur; — implorer dans ce sens le secours de notre Ange gardien et des bons Esprits, comme étant les messagers de DIEU; — rapporter à son but tout ce que nous pouvons faire de bien par amour pour DIEU; — s'attacher à détruire en nous le penchant à la colère; — prévoir dès le matin les occasions possibles de chute.

DOULEUR. La *douleur* peut être physique ou morale. *Physique,* elle consiste dans une sensation pénible transmise par les nerfs au cerveau et qui se répand dans tout le corps. *Morale,* elle consiste dans une idée qui serre le cœur et impressionne péniblement l'âme (*voir* ce mot). La douleur n'est pas seulement une punition, la

conséquence légitime et méritée d'une faute; elle
est encore une leçon, une expérience instruc-
tive, un enseignement, et non un châtiment.
De sa naissance à sa mort, l'homme est sujet
à la douleur, à cette espèce de douleur qui
n'est pas en lui la suite d'une faute, mais de la
nécessité et de la condition même de sa nature.
Son premier sentiment de la vie l'initie à cette
vérité, et tout, jusqu'à la fin, l'en convainc in-
cessamment. Son âme, quoi qu'il fasse, est toujours infirme et triste; elle l'est en elle-même;
elle l'est dans ses relations, elle l'est à tout instant, de toutes les manières et à tous les degrés;
mais elle l'est pour un but qui n'est point dérai-
sonnable; et quand elle souffre, ce n'est pas uniquement pour souffrir, c'est pour s'instruire par
la souffrance et tirer de cette expérience un enseignement de bonne vie.

Ainsi, à ne la considérer qu'aux deux termes
extrêmes de ce fâcheux état, lorsque, d'une part,
elle se trouve jetée dans une de ces situations
terribles et prodigieuses, où il semble que, acca-
blée de coups dont elle a été atteinte, elle ait
perdu dans l'affliction tout ressort pour agir; elle
se ranime cependant après les premiers moments,
elle se raffermit, se relève; et, pour peu qu'elle
ait en elle, pour se soutenir, quelque noble motif, quelque sainte croyance, quelque grand devoir à remplir, elle retrouve son énergie, et la
retrouve plus calme, plus constante, plus virile.

Elle n'a, par conséquent, rien perdu au fond ; elle a, au contraire, beaucoup gagné à passer par cette crise violente, mais salutaire : elle y a laissé des faiblesses, peut-être même des vices, et en a retiré plusieurs excellentes et durables vertus.

D'autre part, quand, placée dans des circonstances plus communes, elle n'est sujette qu'aux peines dont nul n'est exempt, si le même effet produit en elle par la douleur est moins éclatant et moins sensible, il n'en est pas moins réel ; et, pour peu qu'on y réfléchisse, il est aisé de s'assurer qu'il n'est pas un bon travail, pas un talent, pas une vertu, qui n'ait son occasion et son mobile dans un besoin, dans une privation, dans un désir, dans quelque douloureuse impression. Sans cela, nous le demandons : où serait le mérite du devoir accompli ? — De tout ce que nous venons de dire, que devons-nous conclure ? Naturellement nous devons en conclure : que mieux vaut la douleur que le plaisir, celui du moins qui n'est pas la suite et le prix de la vertu, et qui relâche et amollit l'âme au lieu de la fortifier. La douleur, au contraire, si elle la déchire, ne la flétrit pas ; si elle la tourmente, ne la dégrade pas, et dans ses atteintes même les plus dures, elle est toujours préférable aux trompeuses séductions d'une félicité corruptrice. Souffrir, pour qui sait souffrir, n'est jamais une cause de vice et de perversion : c'en est une, au contraire, de mérite et de perfection.

DROITURE. La *droiture* consiste dans l'é-
quité, dans la justice, dans la rectitude d'esprit,
de cœur et d'intention. Elle n'est pas une affaire
de jugement, mais de conscience. On peut ne pas
marcher dans la direction de son but, tout en
suivant une ligne droite; on se trompe, mais du
moins on ne trompe pas les autres, et la droiture n'est que cela. L'homme imbu de droiture
ne peut vouloir faire le mal puisqu'il n'obéit qu'à
sa conscience; mais quand il n'a pas parfaitement interprété les inspirations de cette conscience, et qu'on l'en fait apercevoir, il revient
avec empressement, et non-seulement on lui
pardonne volontiers, mais on l'estime davantage.
En tout cela consiste la droiture.

DUEL. Le *duel*, institution barbare et impie,
est le plus grand de tous les crimes. Pour lui,
pas d'excuse; tout se fait de sang-froid et par
calcul. Cependant les plus coupables ne sont pas
absolument ceux qui se battent, car ils ont une
excuse qu'ils peuvent faire valoir, quoique in-
suffisante. Ainsi, par exemple, l'offenseur dit :
« J'ai tort, mais, si j'en conviens, on pourra
croire que la peur m'arrache l'aveu. » L'offensé,
de son côté, dit également : « Si je pardonne, on
dira que j'ai peur. » Mais les témoins, quelles
excuses ont-ils? Ils en ont aucune. En effet, s'ils
le voulaient sincèrement de part et d'autre, il
leur serait toujours possible d'amener un arran-

gement entre les deux adversaires. Si cependant
cela leur devenait impossible, alors il leur reste-
rait une dernière ressource, ce serait de refuser
absolument l'ignoble service qu'on leur demande,
tout en engageant vivement l'offensé, dans le cas
où il ne voudrait pas pardonner, à avoir recours
à la justice, reconnaissant qu'en agissant ainsi,
l'honneur serait satisfait, plutôt que d'attendre
que le sang soit répandu pour faire une déclaration semblable. Ils auraient encore un autre
moyen d'éviter le combat entre les deux adversaires, ce serait d'exiger une réparation morale,
en place de la réparation par les armes. — Pour
avoir de nombreux renseignements sur le *Duel
purement moral*, consulter notre *Trilogie spirite*,
t. III, ch. VI, ou bien encore, les pages 278 et
suivantes de notre *Catéchisme universel*.

DURETÉ. La *dureté morale* n'est pas autre
chose que le manque d'humanité, de bienveillance, de charité envers autrui. Elle est un des
vices les plus exécrables et qui inspirent le plus
d'horreur. Si elle reste impunie ici-bas (sauf la
réprobation générale qu'elle inspire), elle a tout
à craindre dans la vie spirituelle qui nous attend
en quittant celle-ci, où toute faute grave commise
ici-bas est sévèrement punie. En effet, si nous
sommes forcé de reconnaître que la *justice, humaine* reste impuissante pour la punir, nous
devons également reconnaître que la *justice divine*

est absolument *inévitable* et qu'elle inflige toujours aux coupables des punitions spirituelles
toujours en rapport avec les fautes commises.
Cette vérité est d'une évidence telle que nous ne
pensons pas qu'on puisse la mettre en doute.

ÉCONOMIE. L'*économie* est l'ordre dans le
ménage, dans toutes les dépenses en général.
Une chose inutile est toujours chère, quand bien
même elle ne coûterait qu'une bagatelle, ainsi
que nous l'enseigne le distique suivant :

« Donnons tout au besoin, rien à la fantaisie :
« On se soutient par l'ordre et par l'économie. »

L'ordre et l'économie sont, en effet, la richesse
des pauvres et le bonheur des riches ; aux uns
ils procurent l'abondance, aux autres ils conservent leur avoir et même l'augmente, tout en
leur procurant le suprême bonheur de pouvoir
soulager de plus en plus leurs semblables, par
amour pour DIEU, qui, *comme épreuve*, a donné
aux uns la misère et aux autres l'abondance.

Par l'économie, tous les instants sont remplis
par d'utiles travaux qui, faits en temps oppor-
tun, ne s'entre-choquent jamais, s'entr'aident au

contraire lorsqu'ils ont le même but ; par elle, tout devient facile, chaque chose est à sa place et toujours propre à sa destination ; par elle, encore, on attend la plus grande somme de jouissances, de commodités de la vie. L'on peut dire, enfin, que l'*économie* est l'espérance et le principal soutien de la famille.

ÉCRITURE. L'*écriture* est l'art de communiquer les idées et de peindre la parole par des signes, par des caractères de convention. Tout le monde ne peut pas avoir une belle écriture, car cet art exige une certaine application, certaines connaissances que l'habitude et l'expérience peuvent seules apprendre ; mais tout le monde du moins devrait avoir une écriture lisible, où toutes les lettres seraient exactement formées ; sinon par amour-propre, du moins par égard pour ceux à qui on écrit, ou qui sont dans l'obligation de nous lire. Dans ce cas, de leur part, ce serait un véritable acte de convenance et de charité. Nous ferons également remarquer que cela peut, quelquefois, éviter des inconvénients plus ou moins graves. Tel est l'exemple suivant, où la forme douteuse de la lettre *n* mal écrite, causa en France la guerre civile en 1614 : Le courrier, porteur des propositions de la régente, Marie de Médicis, au prince de Condé, alla à Augerville, en Normandie, où ce prince n'était pas, au lieu d'aller à Augerville, en

Orléanais, où ce premier était... Après un tel exemple, vouloir nier l'extrême utilité qu'il y a à bien former ses lettres quand on écrit, nous paraîtrait réellement peu rationnel.

ÉDUCATION. Le mot *éducation* a deux significations bien distinctes : l'éducation physique et l'éducation morale. La première se rapporte aussi bien aux deux règnes animal et végétal qu'au règne humain ; tandis que la seconde se rapporte uniquement à ce dernier règne. Dans le premier cas, l'éducation consiste dans les soins que l'on prend pour développer la constitution physique d'un sujet, et comme les végétaux et les animaux sont également susceptibles à recevoir des soins favorables à leur amélioration et à leur multiplication ; c'est pourquoi cette éducation peut être aussi bien végétale, animale qu'humaine. Dans le second cas (le seul dont nous allons faire mention), l'éducation tire son élément de la connaissance des sciences et des arts, et en même temps de tout ce qui se rapporte à la vie humaine, au point de vue de la société. Cette seule définition suffit pour nous faire comprendre, que nous ne devons pas confondre l'éducation avec l'instruction. En effet, l'une dit ce qu'il faut pratiquer dans nos rapports avec nos semblables, nous enseigne nos devoirs envers DIEU, et par ce moyen nous rend propre à vivre en société ; l'autre nous dit comment

nous pouvons accomplir notre œuvre terrestre
et sociales, nos fonctions et professions. L'une
donne le but à l'homme et le lui fait aimer ;
l'autre lui fait connaître les voies et moyens de
ce but. Les mœurs, les sentiments, la conduite
morale sont principalement le domaine et le fait
de l'éducation ; les idées, les connaissances, le
savoir sont le domaine et le fait de l'instruction.
D'après cela, sans l'éducation point de société ;
elle est donc utile, obligatoire, indispensable
même. C'est au point que le célèbre philosophe
Liebnitz, décédé en 1716, écrivait de son temps :
*qu'on pouvait réformer le genre humain, en
réformant l'éducation de la jeunesse.* Cette opinion fut également celle de tous les grands hommes de l'antiquité, et parmi les génies modernes,
c'est un axiome de science sociale au-dessus de
toute contestation.

ÉGALITÉ. En morale, l'*égalité* est la condition d'après laquelle tous les citoyens sont égaux
devant la loi, sans exception ni privilége. — Pour
ce qui est de l'égalité *absolue*, nous n'en parlerons pas, car elle n'est qu'une utopie des plus
ridicules, que le simple bon sens lui-même rejette
d'une manière absolue. — L'égalité morale est la
pierre fondamentale de tout gouvernement répu-
blicain bien établi et qui, disons-le en passant,
est le gouvernement le plus beau, le plus juste,
le plus équitable de tous les gouvernements pos-

sibles, toutes les fois qu'une nation est suffisamment éclairée pour pouvoir en jouir d'une manière convenable, comme cela arrive actuellement pour notre bien-aimée France.

Nous ferons remarquer que l'égalité qui existe entre tous les élèves d'un pensionnat quelconque, offre moralement de très-grands avantages ; en ce sens que, plus tard, ces mêmes élèves, lorsqu'ils se retrouvent dans la société, dans des conditions plus ou moins différentes, conservent le souvenir des jeux et des études qui ont cimenté leurs premières amitiés, lesquelles s'oublient difficilement. Les preuves à l'appui de cette vérité, sont innombrables dans la société.

ÉGOISME. L'*égoïsme* est ce sentiment essentiellement personnel qui nous excite à ne nous préoccuper que de nos propres intérêts humains, sans avoir aucunement égard aux intérêts d'autrui. C'est, en un mot, le ver rongeur, ouvrier de destruction souterraine, capable à la longue de faire tomber la société humaine en poussière. L'égoïsme diffère de l'orgueil, en ce sens que ce *dernier* n'est pas le fait des hommes pris en masse ; les travers même d'esprit qu'il suppose sortent de la mesure ordinaire ; ils dépassent la portée de la foule. L'égoïsme, lui, va à toutes les tailles, toutes les complexions ; il s'accommode à toutes les circonstances, et il n'est pas d'âme si vulgaire où il lui répugne de se loger. Ses ravages silencieux sont effrayants. Partout où il a pénétré et où il a, de droite et de gauche, fait sentir sa cupidité, la vie morale est atteinte ; l'homme se replie sur lui-même et le cœur se dessèche. Alors le *moi*, étroit et exclusif, se fait tout à la fois cause, moyen et fin de toutes nos déterminations. De jouissances, il n'en connaît plus d'autres que celles qui ont directement rapport à l'individu, à son bien-être, à son repos, à sa fortune, à sa vanité ou à son ambition. Le devoir, la bienfaisance, le beau moral, les récompenses de considération et d'honneur, les immortelles promesses de la vie future, tout cela, pour lui, c'est le vide, c'est le néant. L'égoïsme ronge et détruit l'un après l'autre tous les liens sympathiques qui rattache l'homme à la famille humaine, et bien plus encore à la famille spirituelle dont il nie l'existence. Les effets de ce vice exécrable sont, comme on le voit, tellement désastreux, qu'il est de la plus grande importance d'en garantir autant que possible les enfants. Les meilleurs moyens à employer pour cela, sont les suivants : Faire sentir l'avantage des plaisirs partagés. — Exprimer le mépris dû aux égoïstes. — Montrer peu d'estime pour les richesses mal acquises et qui dégradent. — Exciter à la libéralité. — Imposer des privations à qui veut vivre au dépens d'autrui. — Traiter de vol et de rapine toute violation de la propriété. — Combattre l'égoïsme, en démontrant comment chacun peut coopérer au

bien public. — Indiquer les désavantages de l'isolement et les bienfaits d'un loyal concours. —
Affecter l'ennui devant celui qui parle toujours
de lui-même. — Le railler sur l'importance qu'il
se donne, tourner en ridicule l'amour-propre
exagéré. — Pas de comparaison humiliante qui
provoque l'envie. — Ne rien donner en secret à
titre de préférence. — Ne pas procurer de plaisirs particuliers loin de la société commune. —
Ne pas paraître trop craindre pour l'avenir. — Ne
pas inspirer de la défiance. — Ne pas donner trop
d'éloges à l'économie et à l'épargne. — Ne pas
se récrier devant témoins contre la méchanceté
des hommes.

ÉLOGE. L'*éloge* consiste dans la louange, le
témoignage d'estime, de considération, qu'on
rend à quelques personnes ou à quelque chose.
L'éloge, toutes les fois qu'il a sa raison d'être,
soit à cause de la valeur morale et intellectuelle
de celui qui l'adresse, soit à cause de l'autorité
qu'il acquiert en représentant l'opinion générale,
paraît toujours également honorable pour celui
qui en est l'objet et pour celui qui l'exprime.
Dans le cas contraire, il les déshonore tous les
deux ; ainsi que le dit fort bien le distique suivant de Boileau :

> Un éloge insipide et sottement flatteur
> Déshonore à la fois le héros et l'auteur.

EMPIRE SUR SOI-MÊME. *L'empire sur soi-même* n'est pas autre chose que de pouvoir se contenir, commander à ses passions. De toutes les vertus, c'est celle qui est susceptible de nous faire éviter le plus d'accidents dans la vie. Seulement, il faut en convenir, c'est peut-être aussi une des moins répandues dans notre humanité terrestre qui, hélas! est encore loin de la perfection; tandis que cette vertu s'en rapproche beaucoup. On peut dire, avec juste raison, que cette vertu a pour sœur cadette l'*amendement*, (voir ce mot).

EMPRUNT. *L'emprunt* consiste à recevoir conditionnellement de quelqu'un une chose quelconque. Quelquefois il peut être utile et avantageux d'emprunter; seulement, comme tôt ou tard il faut rembourser, on ne doit emprunter qu'avec une grande parcimonie; car l'emprunt grève l'avenir de celui qui emprunte, d'hypothèques onéreuses et tout à fait dangereuses, désastreuses même pour peu qu'on les laissent s'enchevêtrer. Alors, dans ce cas, c'est la ruine certaine pour l'emprunteur. Mieux vaudrait cent fois pour lui ne pas emprunter et se contenter de ses faibles ressources, tout en vivant petitement pour les augmenter, jusqu'à ce qu'il soit en position de pouvoir emprunter en toute sécurité. En cela consiste la prudence la plus élémentaire.

ÉMULATION. L'*émulation* est un sentiment qui excite à égaler, à surpasser même quelqu'un en quelque chose. Fille de l'amour-propre, elle doit toujours être accompagnée de la bienveillance qui la protége contre l'envie. Les meilleurs moyens à employer dans les familles pour exciter l'émulation chez les enfants, sont les suivants : donner de temps en temps des éloges et témoigner de la considération. — Citer de beaux exemples. — Faire réfléchir sur la moralité des faits. — Indiquer les efforts de vertu à tenter. — Exalter la grandeur d'âme et de dévouement. — Parler au cœur, solliciter l'amour-propre. — Indiquer les parties faibles du caractère ou de l'esprit. — Blâmer vivement ce qui est mal. — Ne pas décourager les intelligences. — En reprenant les défauts, indiquer les moyens de les corriger. — Accuser dans ce cas la volonté plutôt que la capacité.

Il existe deux émulations dans les écoles, qui sont : l'*émulation particulière* et l'*émulation solidaire*. La première est celle qui se produit entre deux élèves qui cherchent l'un et l'autre à se surpasser. Dans ce cas, l'esprit d'émulation est divisé et agit séparément ; ce qui ne peut donner que des résultats particuliers. Dans la seconde, au contraire, l'esprit d'émulation est collectif, uni, compacte et solidaire ; l'antagonisme, excité uniquement par l'amour-propre, n'existe plus entre les élèves d'une même pension ; ce sont les

pensions entre elles qui cherchent à se surpasser.
Dans ce cas, *tous*, professeurs et élèves de chaque classe de la même pension, s'animent et
s'excitent réciproquement pour arriver au but
qu'ils se proposent ; celui d'égaler ou de surpasser les élèves d'une autre pension faisant partie
d'une classe correspondante. Ce genre d'émulation et d'excitation générale à mieux faire, qui
se produit entre chaques classes correspondantes
de deux ou plusieurs pensions rivalisant entre
elles (magnifique résultat que l'on doit aux concours généraux annuels établis depuis quelques
années seulement), ont produit chaque année
dans les pensions des progrès vraiment surpre-
nants ; tellement ils sont supérieurs à ceux qu'on
obtenait autrefois dans ces mêmes pensions.
Aussi pouvons-nous dire, avec toute raison : que
le concours général annuel entre les écoles est
le plus grand progrès qui se soit jamais produit
jusqu'à ce jour dans l'instruction publique.

ENCOURAGEMENT. L'*encouragement* consiste dans l'action d'encourager au travail, celui
qui se livre aux sciences, aux arts, à l'industrie, etc. L'encouragement a un point d'attache
très-prononcé avec l'émulation, principalement
quand il se rapporte aux sciences littéraires,
philosophiques et morales ayant pour but d'instruire. Dans ce cas, l'on peut dire qu'il est une
véritable émulation ; car lui aussi, alors, est guidé

par l'amour-propre et le désir de se rendre utile.

Quant aux autres genres d'encouragement, l'amour-propre quelquefois peut y être pour quelque chose; mais généralement c'est plutôt l'intérêt pécuniaire qui est leur principal mobile. En effet, soit dans les arts, soit dans l'industrie, l'encouragement a toujours pour but de tirer un produit, un revenu quelconque du travail accompli. Cela, du reste, est parfaitement légal et naturel, du moment que le travail est un moyen d'existence pour le travailleur et pour sa famille, s'il en a une.

ENDURCISSEMENT. L'*endurcissement* est l'état d'un âme qui a perdu tout sentiment du bon, du beau, du vrai, et qui persiste malgré et contre tous à vouloir rester dans la voie dans laquelle il s'est engagé. Peu lui importe les conséquences plus ou moins malheureuses qui peuvent résulter de son obstination ; il a décidé avec lui-même qu'il ne changerait pas, et, en effet, il ne change pas, il reste toujours le même, quand il ne progresse pas dans la voie malheureuse dans laquelle il s'est engagé. C'est, disons-le ici, un des plus grands défauts qui existe pour la Créature humaine, car la malheureuse qui en est affligée, est à peu près sûre de mal finir. *Avis aux endurcis.*

ÉNERGIE. L'*énergie* consiste à ne pas manquer de courage, de fermeté dans les moments difficiles de la vie. L'homme énergique rarement manque le but qu'il veut atteindre, pour lui, les souffrances physiques ne sont rien; les souffrances morales elles-mêmes, il sait les combattre, quand cela est nécessaire. L'homme sans énergie, au contraire, se laisse aller tant au physique qu'au moral, et par cela même double et triple les souffrances qu'il éprouve; ce qui, le plus souvent, le porte à se désespérer et à commettre quelquefois les fautes les plus graves.

ENFANTS GATÉS. On rit quelquefois en parlant des *enfants gâtés*, cependant on ne devrait jamais en rire, au contraire, on devrait en être effrayé, en prévision de l'avenir; car, pour eux, cet avenir est toujours sombre, plein d'épines et de précipices. Aussi, est-on grandement dans l'erreur lorsqu'on dit : « Mais les enfants sont si jeunes, quel mal y a-t-il à les gâter un peu? Cela est sans conséquence, c'est l'affaire de quelques années. » Non, nous le répétons, c'est une erreur, car ce n'est pas pour quelques années, c'est pour toute leur vie; ainsi que nous l'enseigne cette belle et véridique maxime, que toutes les mères de famille devraient connaître : « *Le jeune homme sera dans un âge plus avancé, ce qu'on l'aura fait dans son enfance.* » Il est donc, au contraire, du devoir de toute mère pru-

9

dente et sage de prendre les plus grandes précautions possibles pour ne pas gâter son enfant ou ses enfants, si elle en a plusieurs. Et pour lui faciliter l'accomplissement d'un devoir aussi rigoureusement nécessaire, nous lui dirons qu'il y a trois manières de gâter les enfants : d'abord on gâte leur esprit par l'exagération inconsidérée des louanges; puis, ensuite, on gâte leur caractère en leur laissant faire toutes leurs volontés; et, enfin, on gâte leur cœur en s'occupant d'eux à l'excès, en les adorant, en les idolâtrant. C'est donc à elle, si elle aime réellement ses enfants, à ne jamais employer de tels procédés à leur égard. — Nous lui ferons également remarquer que toutes ces manières de gâter les enfants, cet art si triste de dépraver un âge qui est l'espérance de la vie entière, peuvent se réduire au développement de deux funestes principes, source de toute perversité humaine : la mollesse et l'orgueil.

Rien ne peut donner l'idée de ce que deviennent les enfants qui sont gâtés par la mollesse; qui son gâtés parce qu'on leur fait trop de caresses, parce qu'on leur témoigne une tendresse trop sensible, parce qu'on accorde à leurs goûts, à leur appétit, à leurs regards, à leur paresse, à leurs désirs, tout ce qu'ils veulent.

Ce sont quelquefois de vrais petits animaux sauvages. Ils paraissent et ils sont ordinairement ce qu'on nomme de jolis enfants, gracieux, com-

plaisants, flatteurs. Il n'y a pas de souplesse in-
sinuante, de bassesses agréables, dont ils n'aient
le secret pour obtenir de vous ce qu'ils désirent;
vous les trouvez charmants, si vous n'y regardez
pas de près; mais si tout à coup vous vous ap-
percevez de leur manége et de votre faiblesse, si
vous essayez une résistance, si vous exigez d'eux
le moindre travail, l'application la plus légère,
immédiatement l'humeur, le silence chagrin et
boudeur, ou même la grossièreté brutale et violente, vous révèlent, ô mères de famille, que ses
enfants si aimables sont des enfants trompeurs;
qu'au fond et dans le vrai, comme les animaux
apprivoisés, ils ne sont sensibles qu'à l'appât des
moyens qui les apprivoisèrent; mais qu'ils rede-
viennent des animaux sauvages et méchants,
qu'ils mordent et qu'ils déchirent dès qu'on refuse quelque chose à leur appétit. — Nous demandons bien pardon aux mères de famille de la
comparaison, peu flatteuse pour leurs enfants,
que nous venons de faire; seulement nous leur
ferons remarquer qu'elle est vraie, réelle et tout
à fait juste; aussi, pensons-nous qu'elle mérite
grandement leur attention.

ENNUI. L'*ennui* est une sorte d'atonie, un
vide que l'inaction, le désœuvrement ou l'absence
de toute sensation laissent dans l'âme. L'ennuyé
est à charge à lui-même et a le triste mérite de
déplaire à tous ceux qui l'approchent. Aussi l'en-

nui est-il un ennemi redoutable, que nous devons chercher à combattre par tous les moyens possibles. Par quelques distractions par exemple, mais principalement par un travail sérieux et persévérant, qui est le plus sûr moyen de pouvoir le combattre avec une efficacité à peu près assurée; c'est aussi le moyen le plus avantageux.

ENSEIGNEMENT. L'*enseignement* est la base de toute sagesse; il préside au développement moral et scientifique de l'homme. Aidé par l'examen, l'enseignement touche à tout, à la religion, à la politique, à l'économie, aux sciences les plus élevées, aux arts les plus simples, et parvient à donner à la raison humaine la plénitude de son énergie. L'enseignement est généralement social, car c'est par lui que se perpétuent et se vulgarisent la connaissance des lois naturelles et la notion des droits et des devoirs. Mais l'enseignement, considéré de cette sorte, n'a pu se compléter dans les temps passés, que sous la direction de la philosophie, qui, seule, pouvait lui tracer une voie progressive, lui assigner un but et constituer son unité. L'enseignement comprend deux degrés qui sont : l'enseignement primaire et l'enseignement secondaire ou supérieur. Il est dit primaire, lorsqu'il apprend les plus simples éléments d'instruction; il est dit secondaire ou supérieur, lorsqu'il enseigne des connaissances plus élevées de l'instruction, compre-

nant toutes celles qui se rapportent soit aux
sciences, soit aux lettres. Les moyens les plus
avantageux pour l'instruction des élèves, à employer dans l'enseignement, sont les suivants :
exciter, fortifier, diriger, alimenter les facultés
existantes ; — classer les enfants d'après leurs
connaissances acquises ; — diriger ses instructions d'après l'âge des élèves ; — aller du facile
au plus difficile ; — éviter d'abord les idées abstraites ; restreindre les sujets d'enseignement ;
— ne pas trop flatter le goût des élèves qui se
portent à certaines études ; — réduire en tableau
les choses enseignées ; — solliciter des remarques et des questions ; — faire des interrogations
claires, précises, simples ; — exiger des réponses
en termes justes et choisis ; — animer les leçons,
de manière à en dissimuler la longueur et à
en bannir la fatigue.

ENTÊTEMENT. On appelle *entêtement* toute
obstination opiniâtre, toute résolution énergique-
ment prise de faire ou de ne pas faire une chose.
Un entêté est doublement à plaindre ; d'abord,
parce qu'il n'a pas l'intelligence nécessaire pour
comprendre qu'il puisse être dans l'erreur, et
ensuite parce qu'il s'aliène toutes les intelligences qui étaient disposées à venir au secours
de la sienne. Apprendre à écouter, apprendre à
raisonner, à douter de soi-même et à peser les
opinions d'autrui, voilà la plus profitable des

sciences, comme aussi la plus facile, car il suffit d'un peu de bonne volonté.

ENVIE. L'*envie* est un chagrin, une haine qu'on ressent du bonheur et des succès d'autrui; deux affections qui attaquent le cœur et l'esprit de l'homme, en le portant à considérer avec amertume et avec tristesse les avantages sociaux, physiques et intellectuels dont jouit un autre homme, son frère devant DIEU. En général, cette passion, ce vice, ce sentiment de convoitise, le plus vil de tous, présente un type bas et repoussant qui peut être plus ou moins caractérisé et plus ou moins blâmable. L'envie, qu'il ne faut pas confondre avec le désir de bien faire, avec l'émulation, est toujours affligé du bonheur et du succès des autres; jalouse du mérite, elle cherche à le rabaisser. L'envie est un sentiment ignoble qui imprime une mauvaise direction aux facultés de l'homme et qui se développe, surtout chez les enfants gâtés par une mauvaise éducation; on ne saurait donc examiner avec trop de soin, si, dans les enfants, l'envie tend à se manifester, afin de réveiller dans leurs cœurs les sentiments de la justice et de la fraternité.

ÉPARGNE. L'*épargne* est cette volonté intérieure qui nous porte à ménager, à épargner l'avoir que nous possédons. Elle est regardée comme étant la compagne inséparable de l'économie (*voir* ce mot). C'est à l'épargne que l'on doit l'établissement des *caisses d'épargne*, lesquelles ont été instituées en faveur des classes laborieuses, mais qui, en réalité, ne servent qu'aux domestiques et aux gens salariés. On admet à la *caisse d'épargne* tous les versements depuis 1 franc jusqu'à 300 francs à la fois. On ne peut faire plus d'un versement par semaine, jusqu'au compte de 2,000 francs pour une personne et 6,000 pour une société de secours mutuel.

ESPRIT. Le mot *Esprit* désigne l'Être spirituel qui est incarné en nous, ou, ce qui revient au même, l'intelligence, la faculté de penser, calculer et juger qui est en nous ; dans ce cas, le mot *esprit* s'écrit sans capitale ; avec capitale et au pluriel il désigne les Esprits, qui sont les Êtres spirituels qui constituent le monde des Esprits ou intelligences extra-corporelles, en dehors de tout monde matériel. — Pour avoir de nombreux renseignements sur les Esprits et tout ce qui les concerne, consulter notre *Philosophie spirite*, ou bien encore, ce qui est préférable pour le lecteur, le *Livre des Esprits* d'Allan Kardec, dont le nôtre n'est qu'un simple extrait.

L'Esprit, qu'il soit incarné ou désincarné, se présente sous sept aspects différents dans tout Être humain, qui sont les suivants :

Esprit faible. — Il se distingue par une mé-

moire faible et par un défaut d'imagination.
Exposé aux préjugés, celui qui a un tel esprit est
ordinairement inconstant, paresseux, étourdi, incapable d'application. Il faut ménager sa faiblesse, présenter à son imagination ce qui peut
la flatter sans la fatiguer, cultiver sa mémoire,
exercer ses facultés d'une manière uniforme, le
livrer à lui-même dans les choses qu'il peut faire
tout seul et le guider pour le reste. On lui dé-
taillera minutieusement chaque raisonnement,
recourant fréquemment aux comparaisons.

Esprit faux. — C'est un composé d'idées généralement incomplètes, qui ne peut apercevoir, en
la pluralité des choses, toute la vérité, et qu'entraîne souvent la précipitation. On y aperçoit
quelque brillant, mais le fond est fort peu solide.
Incapable de longues réflexions, il se rebute devant les difficultés. Il arrive plus facilement à
l'érudition qu'à la science raisonnée; son intelligence est dépourvue de justesse, sa mémoire est
peu fidèle; il ne prouve jamais une vérité par les
arguments les plus simples.

On peut corriger cet esprit, en agissant sur lui
par un raisonnement serré et clair, et en diminuant, en même temps, la confiance qu'il a en
lui-même. — En l'engageant à suspendre ses jugements, quand il n'a pas encore réuni tous les
éléments pour se faire une opinion. — En lui re-
commandant d'arriver à la vérité par le chemin
le plus direct. — Enfin, en l'engageant vivement

à faire des lectures qui se distinguent par l'ordre et la netteté de leurs pensées.

Esprit intelligent. — L'enfant chez lequel on retrouve cette qualité est toujours éveillé et attentif; il reconnaît promptement ce qu'il a vu et entendu, écoute avec impatience les discours abstraits qu'il ne comprend pas. Son imagination est vive, sa mémoire est exacte; il combine facilement les idées, montre du goût pour les théories, juge sainement les hommes et les choses, et n'a pas besoin d'une longue application pour apprendre et savoir.

Mobile dans ses pensées et dans ses sentiments, il est plus propre à imiter qu'à créer. Son activité est modérée, mais il acquiert promptement de la dextérité. Il est utile de garantir un tel esprit des impressions fausses, de le faire réfléchir sur les matières abstraites, et l'habituer à rendre compte de ce qui l'intéresse, en lui interdisant la prolixité.

Esprit lent. — Cette nature d'esprit se trouve chez les individus dont les organes sont peu développés. On les voit crédules, irrésolus; ils manquent quelquefois de sensibilité. Dépourvus de souplesse, ils tombent aisément dans la grossièreté.

Bon esprit. Il a peu d'étendue, saisit seulement les idées simples, mais discerne l'utile. S'il n'a pas beaucoup d'élévation, il n'est pas exposé à beaucoup d'erreurs. Il ne faut exiger de lui que ce dont il est capable.

Esprit vif. Ce genre d'esprit se trouve surtout chez les enfants dont les organes sont délicats, sensibles, trop accessibles à toutes sortes d'émotions. Chez eux le caractère est peu solide, le jugement faux quelquefois, la conduite légère et inconsidérée. Il est bon de ralentir leur activité au moyen d'études sérieuses. Avec eux, il ne faut pas craindre de répéter souvent les mêmes avis, les mêmes instructions. La méthode à suivre pour régler leurs actions et leurs travaux, doit avoir pour but de les contraindre plus que d'autres à la réflexion, et à une lente comparaison entre les choses et les faits.

Esprit solide. L'homme qui a un esprit solide aperçoit toutes les faces et tous les rapports des objets. Sa pensée est prompte, son imagination vive, sa mémoire exacte; il réfléchit, apprécie avec justesse, reconnaît et rejette les préjugés, creuse les idées. Ses paroles ont de la netteté, son regard de l'assurance et de la fermeté.

ESTIME. L'*estime* n'est pas autre chose que l'opinion que l'on a de quelqu'un d'après des qualités connues. La véritable estime est celle qui est accordée par des hommes dignes d'être estimés eux-mêmes. Dans ce cas, elle vaut mieux que la célébrité, de même que la considération vaut mieux que la renommée et l'honneur mieux que la gloire. Le désir d'estime se manifeste de

bonne heure chez les enfants : longtemps avant
qu'ils aient pu réfléchir aux avantages de la bonne
opinion des autres, et même avant qu'ils aient
acquis l'usage de la parole, on les voit sensible-
ment mortifiés par la moindre marque de mépris
ou de négligence. Le désir d'estime semble donc
être un principe de notre nature, ou un de ces
principes qui ne peuvent se résoudre ni dans la
raison, ni dans l'expérience, ni dans aucun autre
fait plus général qu'eux. La puissante influence
qu'il exerce sur l'âme vient à l'appui de cette
induction, influence si énergique, qu'aucun autre
principe actif ne peut la balancer. Même l'amour
de la vie cède tous les jours au désir de l'estime,
et d'une estime qui, ne s'attachant qu'à notre
mémoire, ne peut exciter en nous aucune considération matérielle intéressée. Comme nos appé-
tits de la soif, de la faim, sans être des principes
intéressés, servent immédiatement à la conservation de l'individu, de même le désir d'estime,
sans être un principe social et bienveillant, sert
immédiatement au bien de la société.

ÉTOURDERIE. L'*étourderie* est un défaut de
prudence, de prévoyance, d'attention produit par
l'incapacité de réfléchir ou par l'habitude de
céder aux premières impressions, sans examiner
quels en seront les résultats. L'enfance et la première jeunesse peuvent seuls faire excuser l'*étourderie;* dans l'âge mûr, elle indique une organi-

sation incomplète; plus tard, dans la vieillesse, une organisation affaiblie.

ÉTUDE. L'étude est cette application de l'esprit à vouloir s'instruire, apprendre et connaître les choses connues et qu'on ne connaît pas; lesquelles nous intéressent plus ou moins pour des raisons quelconques. Elle réunit tous les avantages suivants : elle distrait des peines, adoucit les souffrances, diminue les besoins, console des pertes, en même temps qu'elle augmente les jouissances de l'amour-propre.

La meilleure manière de conduire les études est la suivante : obliger l'enfant à étudier sérieusement; ne pas présenter le travail intellectuel comme un jeu. — Ne laisser commencer une étude nouvelle qu'à la condition de continuer celle qui a été commencée. — Habituer à la persévérance. — Ne pas se presser de pousser en avant dans une étude particulière. — Dans l'étude des langues, faire commencer plutôt par les versions que par les thèmes. — Encourager souvent, même de légers efforts. — Donner des devoirs courts et graduer les difficultés. — Fixer aux travaux des portions de temps invariablement déterminées. — Exiger dès le commencement une attention pleine et entière. — Ne rien faire apprendre par cœur qui ne soit bien compris. — Pas d'enseignement superficiel, rien non plus qui soit au-dessus de la portée des enfants.

— Pas de travaux immédiatement après les repas. — Pas trop d'intervalles entre les leçons des maîtres, lorsqu'elles ne peuvent être fréquentes. — Pas de réunions trop nombreuses d'enfants.

Quant aux moyens à employer auprès des enfants pour leur faire aimer l'étude, ils sont les suivants : exciter leur zèle par des éloges et par des récompenses. — Se faire aimer soi-même, pour obtenir l'application comme une marque d'amitié. — Louer la curiosité studieuse et la satisfaire. — User de douceur, de raison, de modération, de sang-froid, de patience, afin de gagner la volonté. — Rendre plus facile les moyens d'exécution par des démonstrations toutes bienveillantes. — Encourager les esprits lents par des secours donnés à propos. — Adopter, pour instruire, les formes les plus attrayantes. — Ne rien exiger au-dessus des forces de l'âge et de l'esprit. — Ménager les réprimandes et les punitions, de manière à ne pas inspirer la haine du travail et des livres.

EXACTITUDE. L'*exatitude* consiste à être exact à remplir ses devoirs quels qu'ils soient ; principalement, surtout, lorsqu'il s'agit d'accomplir une promesse faite à autrui. En effet, dans ce cas, la manque d'exactitude ne peut trouver d'excuse que dans l'impuissance absolue où l'on est de pouvoir l'accomplir, pour des causes imprévues et valables survenues depuis le jour où la promesse a été faite.

EXCÈS. L'*excès*, c'est vouloir passer les bornes que DIEU a établies sur toutes choses, soit dans le manger, le boire, le repos, le plaisir, le travail et l'étude. RÈGLE GÉNÉRALE : l'excès en toutes choses est toujours funeste à celui qui le commet.

EXEMPLE. Le mot *exemple* désigne les paroles, les actes, faits et gestes d'autrui qui méritent ou non d'être imités; d'où suit la conséquence naturelle qu'il existe deux genres d'exemples : les bons et les mauvais, et que l'exemple peut être le père de toutes les vertus, comme il peut être le père de tous les vices. Il nous est donc indispensable, pour peu que nous soyions prudent, de chercher à approfondir, apprécier, juger les exemples qui s'offrent à nous, afin de pouvoir faire un choix convenable. Comme exemple sublime et absolument digne d'être imité, nous citerons la vie de Jésus-Christ, qui, au point de vue de tous les chrétiens, est le plus pur modèle de vertu qu'on puisse citer sur notre globe terrestre. S'il en est qui, à juste titre, refusent de croire à sa *prétendue divinité*, il n'en est pas un seul qui refuse de croire à sa bonté, sa charité, sa perfection morale en un mot. Or, si tous confessent sa bonté, sa charité, il faut arriver à la contempler de plus près, et voir, en nous comparant à lui, si nous lui sommes semblables, ce qui naturellement doit être notre désir à tous. Mais, pour lui être semblable, il y a deux devoirs à remplir, ainsi que l'a dit le Christ lui-même. Ces deux devoirs sont les suivants : union avec DIEU, amour de DIEU ; union avec notre semblable, union fraternelle. Remarquons comment Jésus-Christ a accompli ce double devoir, et voyons si nous l'accomplissons à son exemple.

EXPIATION. L'*expiation*, pyschologiquement parlant, est une peine, une souffrance physique ou morale que nous subissons ici-bas pour réparer les fautes plus ou moins graves que nous avons commises dans une vie humaine précédente, conséquence naturelle de la *pluralité des existences humaines*, dont nous avons fait mention dans notre *Philosophie*, l. II, ch. IV. Dans notre humanité terrestre l'expiation est générale, universelle, tout en étant plus ou moins pénible pour chacun des membres qui la composent et toujours en rapport avec les fautes commises dans la vie humaine précédente. Si nous disons que sur notre monde terrestre l'expiation est générale, universelle, la raison en est simple : c'est parce que notre globe terrestre est lui-même un monde d'expiation, c'est-à-dire un des plus arriérés des différents mondes qui existent dans l'immensité sans fin. — *Voir* leur nomenclature, y compris de nombreux renseignements sur ces différents mondes, dans notre *Philosophie spirite*, l. I, ch. III.

FAIBLESSE. La *faiblesse morale*, la seule dont nous nous occuperons ici, est une défectuosité de l'âme qui prédispose l'individu à céder sans combattre à ses propres instincts et à la volonté d'autrui; elle pervertit le sens moral, amnistie le vice et même le crime, paralyse le cœur, fait les esclaves et les lâches. La faiblesse morale ou faiblesse de caractère se corrige difficilement et presque toujours conduit aux vices, ceux mêmes qui sont le plus répréhensibles. C'est pourquoi elle est infiniment plus défectueuse que *l'entêtement*, d'autant plus que ce dernier peut quelquefois être estimé dans l'homme, vu qu'il peut avoir le bien pour motif; tandis que la faiblesse est toujours méprisable. En effet, l'homme sans caractère est condamné à servir de jouet à tout le monde, et tout le monde se rit de lui et le plaisante, sans que cela puisse le corriger, tellement la faiblesse morale est un défaut incorrigible. Pourtant stimulé par un motif puissant, deux ou trois fois dans sa vie, l'homme faible s'élance de sa faiblesse, et dans ces circonstances, il est éloquent, sublime, mais ce n'est qu'un éclair; il retombe épuisé d'un effort qu'il n'a pas la force de soutenir. Il semblait un lion, ce n'est pas même un mouton, un agneau, ce n'est plus rien du tout.

On le reconnaît facilement, ce pauvre homme, à sa démarche incertaine, à ses regards qui se promènent inquiets autour de lui, à la recherche d'une opinion; et si parfois il balbutie le désir d'en avoir une, n'espérez rien de cette velléité fugitive; il voudrait quelquefois, il ne veut jamais.

FAMILIARITÉ. La *familiarité* consiste dans une extrême liberté de façons et de manières, en dehors de toute cérémonie, de toute gêne, sans grossièreté cependant, dans les gestes, les manières et les entretiens; elle est causée par l'habitude ou par l'affectation. La première est toujours naturelle et part du cœur, ce qui lui attire généralement la plus grande bienveillance. La seconde, au contraire, étant affectée et, par cela même, manquant de naturel, a quelque chose qui déplaît, qui blesse même, et, par suite, devient complétement antipathique. Avec la première, l'homme peut bien éprouver quelques déboires, quelques contrariétés, mais jamais très-graves; car, avec elle, toute explication est possible. Avec la seconde, au contraire, il peut

10

non-seulement éprouver des déboires et des contrariétés plus ou moins graves, mais encore il peut recevoir des réprimandes pénibles et quelquefois des plus blessantes ; ce qui, alors, peut le mettre dans l'état le plus critique et le plus regrettable.

FAMILLE. Le mot *famille* désigne une réunion plus ou moins nombreuse de personnes qui peuvent être comparées à des rameaux partant de la même souche, et qui, par leur intérêt, doivent contribuer à maintenir entre eux l'union nécessaire à la conservation et au bonheur du tout dont ils font partie.

On distingue deux sortes de famille : la famille *spirituelle* et la famille *matérielle.* La première fait de l'humanité entière une seule et même famille, dont tous les Membres sont frères, du moment qu'ils ont tous le même Père spirituel, qui est DIEU; ainsi que nous l'enseignent notre raison et notre conscience, et que l'ont enseigné, en tout temps, les sages de toutes les époques. On peut même dire que cette consolante et sublime vérité a fait de tout temps et fait encore aujourd'hui le fondement de toutes les religions tant soit peu éclairées, mais surtout dépourvues d'égoïsme, de cupidité, d'ambition et d'orgueil. Telle fut *primitivement* la religion chrétienne, ainsi qu'en font foi les quatre Évangiles, dans lesquels cette admirable et sublime vérité est citée un très-grand nombre de fois... La seconde, autrement dit la famille matérielle, dont tous les membres naturellement font partie de la famille spirituelle, comprend les parents et les proches qui sont des amis donnés par la nature humaine. Nous ferons remarquer que l'amitié qui les unit a doublement sa raison d'être, du moment qu'elle tire sa source des deux principes également recommandables, principalement le premier. Une telle amitié devrait donc être inaltérable. Pouvons-nous dire qu'il en est ainsi sur notre globe terrestre? Hélas! non. C'est même, chose *triste* à dire, très-souvent un motif de brouille et de désunion, et la raison en est simple, toute regrettable qu'elle est : c'est parce que, le plus communément, l'amitié entre les membres d'une même famille humaine est, pour la plupart, plutôt matérielle que spirituelle. En effet, on aime bien un parent, on lui fait même des caresses, lorsqu'on a l'espoir d'obtenir quelque chose de lui après son décès. Mais cet espoir vient-il à être déçu, *pour un motif essentiellement humanitaire*, on ne l'aime plus, on le néglige, on l'oublie, on le déteste même, quelque soient les bienfaits que précédemment l'on a reçu de lui...

FANATISME. Le *fanatisme* est une exaltation religieuse, le plus souvent sombre et cruelle, qui pervertit la raison et porte à des actions plus ou moins condamnables en vue de plaire à DIEU. Sa seule définition nous prouve qu'il est une vé-

ritable maladie morale, une espèce de folie.
L'imagination est pour beaucoup dans cette sorte
d'égarement. Ce qu'il y a de déplorable dans
cette maladie mentale, c'est qu'elle est réellement
contagieuse. Une fois qu'elle s'est enracinée dans
un pays, elle y prend souvent le caractère et
l'autorité d'un principe, en sorte qu'on peut en
être longtemps victime encore, sans être animé
des mêmes sentiments que ceux qui en ont été
les premiers affligés. C'est ainsi que les exécrables auto-da-fé de l'Inquisition ont sans doute
commencés et se sont continués. Disons ici, en
terminant cet article, qu'il existe une grande et
sublime vérité, laquelle est celle-ci : *c'est que
rien n'est beau comme la pure piété, rien n'est
aussi triste et aussi déplorable que le fanatisme.*

FANTAISIE. La *fantaisie* consiste dans des
désirs plus ou moins singuliers, dans des goûts
qui n'ont aucune consistance; ce qui la rend
plus ou moins bizarre, plus ou moins capricieuse.
Combien de femmes dites du grand monde, peuvent appeler du nom de fantaisie tout ce qu'elles
éprouvent! Pour elles, l'amitié est une fantaisie;
le plaisir et l'amour, tout n'est que fantaisie; et
depuis le jour où ces femmes entre dans le monde
usqu'au jour où elles le quittent, le monde lui-
même ne leur apparaît que comme une fantaisie
plus ou moins brillante, plus ou moins variée.
Chez elles, la raison et le cœur n'ayant jamais

parlé, la légèreté et l'indifférence sont les seuls sentiments qui les animent toute leur vie.

FATALISME. Le *fatalisme* est le fond de toutes les religions et de toutes les doctrines philosophiques qui n'admettent pas l'intervention des *lois providentielles* dans les affaires de ce monde. La mythologie grecque subordonne ces lois aux arrêts inflexibles du destin. L'aspect du mal moral sur la terre et la difficulté qu'on a éprouvé tout d'abord d'en concilier l'existence avec la suprême bonté et la Toute-Puissance du CRÉATEUR, ont donné naissance au fatalisme. On a supposé pour l'ordre de l'univers des lois générales, en vertu desquelles tous les phénomènes et tous les événements s'enchaînent nécessairement, de manière à ce que l'harmonie universelle soit maintenue, mais sans qu'il soit tenu compte des particularités qui nous semblent déroger à ces lois. Telle est l'opinion de ceux qui reconnaissent l'existence d'un ÊTRE SUPRÊME, en rejetant l'action perpétuelle et spéciale de sa *Providence*.

Si ce système ne méconnaît pas absolument la Toute-Puissance de DIEU, il n'en choque pas moins la *suprême justice* et la *bonté infinie* du CRÉATEUR. Leur grand et suprême argument est celui-ci : c'est que le malheur d'un seul homme vertueux, l'impunité de l'oppression et du vice, que nous voyons si souvent parmi nous, suffisent grandement, disent-ils, pour protester contre de semblables attributs. Sans doute un tel raisonnement ne serait pas sans valeur, si, comme le prétend le Catholicisme, nous ne devions avoir qu'une seule existence corporelle, opinion tout à fait antichrétienne. — Pour tous ceux de nos bien-aimés Lecteurs qui douteront de la vérité que nous venons d'émettre, nous les engageons à prendre connaissance de notre *Catéchisme universel*, où ils trouveront des preuves à l'appui absolument convaincantes, du moins nous l'espérons. — Mais l'opinion émise par le Catholicisme est aujourd'hui universellement reconnue fausse, et généralement, ainsi que le Christ lui-même l'a reconnu autrefois, on reconnaît aujourd'hui que la pluralité des mondes est une vérité indiscutable, au point même que celui qui, à notre époque, voudrait la nier, passerait pour complétement ridicule, comme il passerait également pour ridicule, en voulant nier la pluralité des existences corporelles qui, forcément, est la conséquence de la pluralité des mondes matériels.

Une fois ces deux pluralités admises, rien nous est plus facile de nous rendre compte de la prétendue *anomalie* mise en avant par les fatalistes, laquelle, en réalité n'en est pas une, du moment que nous savons qu'un rapport absolu, et conforme à la plus stricte justice, existe entre toutes les existences corporelles que nous sommes obligés de subir avant d'arriver à la pureté complète. La raison et la conscience nous disent donc qu'il existe des lois morales, dont nous sommes libres de respecter ou de violer les préceptes, mais que l'ordre blessé dans ce monde se rétablit dans un autre, que nos actes, en dehors de cette vie toute d'expiation (*voir* ce mot), seront jugés d'après nos facultés, comme les récompenses et les punitions seront proportionnées aux fautes et au mérite. Comme on le voit, la prétendue anomalie, mise en avant par les fatalistes, n'existe plus ; c'est, au contraire, la suprême justice qui la remplace.

FATUITÉ. La *fatuité* consiste, dans l'homme, dans un caractère présomptueux qui, toujours, a une opinion trop avantageuse de lui-même. Extrême contentement de soi-même, vanité, suffisance, tels sont les principaux signes caractéristiques de la fatuité. Quelquefois, dans la jeunesse, la fatuité peut se faire supporter, offrir même quelque charme ; mais, passé trente ans, elle devient sans charme, comme elle est sans excuse. C'est une mauvaise habitude qui ne nous fait plus que des ennemis ; elle nous rend à charge à nos meilleurs amis. On peut dire, avec toute vérité, que les fats et les coquettes ressemblent en quelque sorte aux Indiens fanatiques dans leur culte ; ils adorent le premier objet qu'ils voient le matin, c'est-à-dire leur figure dans un miroir. La petite pièce de vers suivante définit parfaitement bien tout le ridicule de la fatuité :

LE PETIT-MAITRE

C'est une espèce à part, qui n'a que du caquet,
Qui bavarde sans fin, comme le perroquet,
Mélange monstrueux de l'un et l'autre sexe,
On doute auquel des deux la nature l'annexe ;
Les hommes sont contraints à le désavouer ;
Les femmes rarement ont lieu de s'en louer.
Les habits, les bijoux, les pompons, les dentelles,
Aux yeux d'un *petit-maître* sont toujours d'un grand prix,
Et de ces seuls objets son cœur se sent épris ;
Follement occupé du soin de sa parure,
Il ne chérit rien tant que sa sotte figure.

FERMETÉ. La *fermeté* consiste à ne pas transiger, toutes les fois qu'on croit avoir un devoir à accomplir. C'est pourquoi l'homme vraiment ferme n'hésite jamais entre un chagrin et un devoir ; il affronte patiemment toujours l'un et accomplit toujours l'autre ; car il sait qu'en manquant à cette règle, il se crée des chagrins bien autrement cuisants que celui ou ceux que, dans le cas contraire, il pourrait éviter. Un vieux proverbe dit : *La fermeté est la couronne de la sagesse.*

FIDÉLITÉ. La *fidélité* est cette qualité qui consiste à remplir avec exactitude tous nos engagements, quels qu'ils soient, et à avoir beaucoup de constance dans nos amitiés. C'est le fondement le plus solide des rapports internationaux et des grandes transactions sociales. C'est de la fidélité que découle la confiance et que se fortifie l'amitié. Cette qualité si rare, mais d'autant plus admirable, est la compagne inséparable de tout homme vertueux. Aussi, dans aucun cas, ne doit-on y contrevenir, ainsi que le dit fort bien le quatrain suivant :

« Jamais, dans aucun cas, on ne doit se permettre
« D'oublier sa promesse ou d'y contrevenir.
« Réfléchissons longtemps avant que de promettre,
« Mais, quand nous promettons, songeons qu'il faut tenir. »

FIERTÉ. La *fierté* est une vertu ou un vice. Elle est une vertu, toutes les fois qu'elle consiste dans l'élévation des sentiments et la noblesse du caractère ; elle est un vice, quand elle consiste dans un caractère hautain et arrogant. La première s'attire l'admiration et l'estime ; la seconde s'attire la répulsion et le mépris. Dans le premier cas, la fierté n'est pas à la portée de tout le monde, elle n'appartient qu'aux âmes d'élite ; dans le second cas, au contraire, est fier qui veut l'être, à la condition naturellement de passer pour un Être imbécile, stupide, ridicule et insensé, qui sont les seuls titres honorifiques sur lesquels puisse compter la fierté, dans ce dernier cas.

FINESSE. La *finesse*, comme la fierté, peut

être prise de bonne ou de mauvaise part, autrement dit peut être une qualité ou un vice. Elle est une qualité, lorsqu'elle désigne un esprit fin, délié, jugeant convenablement les choses ; elle est un vice, lorsqu'elle consiste dans la fourberie, la ruse, le désir de tromper. La première jouit toujours de l'estime générale ; la seconde s'attire la défiance, l'antipathie, le mépris même. Comme pour la fierté, nous ferons remarquer que la finesse n'est pas donnée à tout le monde, dans le premier cas ; dans le second cas, au contraire, elle peut être pratiquée par qui veut l'employer à ses risques et périls, qui toujours sont tristes et déplorables pour celui qui l'emploie.

FLATTERIE. La *flatterie* consiste dans les louanges exagérées, données dans le but de se rendre agréable ou dans une vue intéressée ; elle est toujours le signe certain d'une âme *basse* et *méprisable.* Cela est d'autant plus vrai, qu'elle donne de la majesté aux souverains indignes ; elle bénit les dominations injustes, et fait des vœux pour la prospérité des méchants ; elle bâtit des temples à ceux qui ne méritent même pas des sépulcres. Il y a toujours eu de la lâcheté partout où il y a eu de la tyrannie. L'autorité, quoique injuste et odieuse, a été de tout temps adorée. Mais aussi, il est à remarquer que cela a toujours été l'œuvre des personnes qui en avaient peur ou besoin ; car ces honneurs forcés n'ont duré qu'autant qu'a duré la servitude, et ont été seulement rendus où il était dangereux de les refuser. Aussi peut-on dire, avec toute raison, que la flatterie est toujours la compagne assidue de la tyrannie tant qu'elle a sa puissance.

FOI. Il existe deux *fois* essentiellement différentes : la foi théologique et la foi purement morale. La première consiste dans la croyance que les faits et les préceptes présentés par les religions sont vrais et viennent de DIEU. Cette croyance n'est pas raisonnable, le plus souvent même elle est stupide, puisqu'elle admet des faits et des idées que la raison humaine ne peut jamais vérifier, et que très-souvent elle démontre être absurdes. En veut-on la preuve, la voici : le Musulman *qui a la foi* croit, par exemple, que Mahomet a fait un trou dans la lune, lors de son voyage dans le ciel ; le Catholique, à ce propos, se rit de la bêtise du sectaire arabe ; à son tour, le Catholique *qui a la foi* croit que saint Denys porta sa tête entre ses mains, après avoir été décapité, chanta un cantique et fit une lieue en cet état ; mais le fidèle Mahométan trouve aussi que le Catholique n'a pas le sens commun. Comme on le voit, la foi, théologiquement parlant, est une adhésion irréfléchie de la croyance à tout ce qu'il plaît aux prêtres d'enseigner.

La foi purement morale, autrement dit la seconde désigne la croyance, l'assentiment que nous donnons à l'existence des faits, à la vérité des Doctrines qui puisent leurs preuves dans l'expérience, la raison et la conscience. Telle est, par exemple, la *vraie foi chrétienne* qui s'appuie sur des principes philosophiques rationnels et qui parlent à la conscience. Telle est encore la *foi spirite*, qui certainement est la *foi* la plus éclairée et la plus sublime qui existe. Pour en être convaincu, il suffit de dire qu'elle s'appuie sur les principes suivants, qui sont essentiellement d'accord avec la raison et la conscience les plus scrupuleuses : 1° sur l'existence d'un ÊTRE SUPRÊME, dont les attributs, qui sont à notre connaissance, sont d'être *unique, éternel, immuable, immatériel, tout-puissant,* souverainement *juste* et *bon ;* — 2° sur l'immortalité de l'âme et, par conséquent, sur l'existence du monde des Esprits dans l'espace ; — 3° sur les peines et les récompenses futures, y compris la pluralité des existences humaines soit pour expier, soit pour progresser, etc., etc. — Pour de très-nombreux renseignements sur tout ce qui se rapporte à la *Doctrine spirite,* prendre connaissance de tous les *importants ouvrages spirites* d'Allan Kardec, dont la nomenclature figure à la fin de cet écrit, ou bien encore de nos *humbles ouvrages* dont la nomenclature figure après ceux d'Allan Kardec.

FORCE D'AME. La *force d'âme* n'est pas autre chose que la *fermeté* (voir ce mot).

FOURBERIE. La *fourberie* désigne un caractère hypocrite et faux, toujours disposé à tromper, diffamer, tout en voulant paraître le contraire de ce qu'elle est véritablement. La franchise lui est entièrement inconnue, ce qui ne l'empêche pas, en tout temps, de vouloir en prendre l'apparence, ce qui lui arrive quelquefois; c'est là son seul mérite, si toutefois l'on peut donner ce nom à l'hypocrisie la plus immonde. Bien malheureux et bien à plaindre sont les infortunés qui la pratiquent dans leurs relations avec leurs semblables (humainement parlant), car ils sont assurés de n'attirer de leur part que le plus profond mépris.

FRANCHISE. La *franchise* est la qualité qui porte l'homme à parler et à agir absolument comme il pense; elle est tout l'opposé de la fourberie. La franchise fait partie des vertus les plus recommandables, à la condition cependant de ne jamais dégénérer en rudesse. Car malheureusement, nous sommes forcé d'en convenir, la vérité n'est pas toujours bonne à dire dans notre humanité terrestre, du moins sans précaution aucune.

Le défaut opposé à cette qualité étant très-blâmable, particulièrement chez les enfants (ce

qui ne l'empêche pas de l'être également chez les
grandes personnes qui, dans ce cas, sont bien
plus coupables qu'eux), il est donc très-néces-
saire de les mettre en garde contre le manque de
franchise, qui n'est que trop souvent la conséquence de l'indolence ; car un enfant habituelle-
ment indolent tâchera de venir à bout de toutes
ses occupations, en se donnant le moins de peine
possible. Le sentiment de son peu de capacité et
la conscience d'avoir manqué à son devoir, le
conduiront inévitablement à chercher des ressources dans le mensonge ou dans de mauvaises
excuses.

FRATERNITÉ. Moralement parlant, il
existe deux sortes de *fraternité :* la *fraternité
spirituelle* et la *fraternité matérielle.* Cette dernière consiste dans la consanguinité entre frères
et sœurs ; elle est purement humaine, et, par
cela même, ne peut avoir qu'une existence momentanée, comme la vie humaine elle-même. La
fraternité spirituelle, au contraire, est éternelle,
comme le sont eux-mêmes les Esprits (*voir* ce
mot), dans les mondes spirites. D'après cela,
nous devons en conclure : que l'avantage de la
première fraternité sur la seconde est considé-
rable, voire même absolu ; du moment, nous le
répétons, que la dernière n'est que momentanée,
comme la vie humaine elle-même ; tandis que
la première est éternelle, comme l'est égale-

ment la famille spirituelle (*voir* le mot *Fa-mille*).

FRAUDE. La *fraude* est un acte de mauvaise foi et de tromperie; plus spécialement, c'est un acte qui se rapporte à toutes choses faites contrairement aux lois établies dans la contrée qu'on habite. Elle diffère de la *fourberie* (*voir* ce mot), en ce sens que l'un agit contrairement aux lois établies, et que l'action de l'autre se produit directement contre autrui.

FRUGALITÉ. La *frugalité* se contente d'une nourriture simple, d'aliments peu recherchés. Elle a un immense avantage, qui est de prolonger la santé. Voici un fait historique qui est grandement à l'appui de ce que nous venons d'énoncer. Le Vénitien Cornaro, ayant ressenti, à l'âge de *vingt ans*, une attaque de goutte, régla sa vie d'une manière si frugale. qu'il atteignit sa *centième année* sans éprouver de nouvelles douleurs.

Au surplus, pour mieux prouver encore que la frugalité conserve la santé, nous ferons observer : 1° que les nègres, qui supportent tant de travaux dans nos colonies, ne vivent que de manioc, de patates et de maïs; 2° que les Brahmes des Indes, qui vivent fréquemment au delà d'un siècle, ne mangent que des végétaux...

Une dernière remarque est à faire sur la frugalité, laquelle, certainement, n'est pas la moins importante, car le principal n'est pas de vivre longtemps, mais de bien vivre. Cette dernière remarque est la suivante : *C'est que la frugalité prédispose à la vertu, ou du moins permet d'éviter bien des vices en diminuant considérablement les passions.*

(A continuer.)

Paris. — Typ. Ch. Unsinger, 83, rue du Bac.

TABLE DES MATIÈRES

FIN DE LA TABLE DES MATIÈRES

Paris. — Typ. Ch. Unsinger, 83, rue du Bac.

NOMENCLATURE GÉNÉRALE

DES

OUVRAGES FONDAMENTAUX DU SPIRITISME

Par ALLAN KARDEC

Le Livre des Esprits (partie philosophique), contenant les principes de la Doctrine spirite. — 1 vol. in-12, 20e et 21e édit., 3 fr. 50 c.; relié, 4 fr. 50 c.

Éditions en langues *allemande, espagnole, anglaise, grecque.*

Le Livre des Médiums (partie expérimentale). Guide des médiums et des évocateurs, contenant la théorie de tous les genres de manifestations. — 1 vol. in-12, 11e et 12e édition, 3 fr. 50 c.; relié, 4 fr. 50 c.

Éditions en langues *espagnole, anglaise.*

L'Évangile selon le Spiritisme (partie morale), contenant l'explication des maximes morales du Christ, leur application, et leur concordance avec le Spiritisme. — 1 vol. in-12, 7e et 8e édit. 3 fr. 50 c.; relié, 4 fr. 50 c.

Éditions en langues *espagnole, grecque.*

Le Ciel et l'Enfer, *ou la Justice divine selon le Spiritisme,* contenant de nombreux exemples sur la situation des Esprits dans le monde spirituel et sur la terre. — 1 vol. in-12, 5e et 6e édit., 3 fr. 50 c.; relié, 4 fr. 50 c.

Édition en langue *espagnole.*

La Genèse, les Miracles et les Prédictions, *selon le Spiritisme.* — 1 vol. in-12, 6e édit., 3 fr. 50 c.; relié, 4 fr. 50 c.

Édition en langue *espagnole.*

ABRÉGÉS

Qu'est-ce que le Spiritisme? Introduction à la connaissance du monde des Esprits. — 1 vol. in-12, 7e édition., 1 fr.

Éditions en langues *polonaise, anglaise, hollandaise.*

Le Spiritisme à sa plus simple expression. — Broch. in-18 de 36 pages, 15 c.; vingt exemplaires, 2 fr.; par la poste, 2 fr. 60 c.

Éditions en langues *allemande, anglaise, espagnole, portugaise, polonaise, italienne, russe, grecque moderne, croate.*

Résumé de la loi des phénomènes spirites. — Brochure in-18, 10 c.; vingt exemplaires, 1 fr. 75 c.; par la poste, 2 fr. 10 c.

Caractères de la révélation spirite. — Brochure in-18, 15 c.; vingt exemplaires, 2 fr.; par la poste, 2 fr. 60.

Voyage spirite en 1862. — Brochure in-8°, 50 c.; par la poste, 65 c.

REVUE SPIRITE

JOURNAL D'ÉTUDES PSYCHOLOGIQUES

FONDÉ PAR ALLAN KARDEC

Publié sous la direction de la Société.

Paraissant du 1er au 5 de chaque mois, depuis le
1er janvier 1858, par deux feuilles au moins
grand in-8°. — Prix : pour la France et l'Algérie,
10 fr. par an; Étranger, 12 fr.; pays d'outre-
mer, 14 fr. — On ne s'abonne pas pour moins
d'un an, à partir du 1er janvier de chaque année.

On peut se procurer tous les numéros séparément
depuis le commencement. Prix de chaque numéro, 1 fr.

Collections de la Revue spirite depuis 1858.
Chaque année forme un fort volume grand in-8°
broché, avec titre spécial, table générale et couverture imprimée. — Prix de chaque année séparément, 5 fr., port payé; la collection complète
prise ensemble, même prix pour chaque année, 5 fr.
— L'année qui précède l'année courante, prise
séparément, même prix que l'abonnement, 10 fr.
Pour l'étranger, port en plus.
Reliure, 1 fr. 50 c. par volume.

La Société a réduit à 5 fr. au lieu de 7 fr. le prix
de chaque revue ancienne, désirant ainsi mettre cette
œuvre encyclopédique à la portée de tous.

OUVRAGES DU MÊME AUTEUR

LE CATÉCHISME UNIVERSEL, à l'usage de tout le monde, avec un supplément, ayant pour objectif de prouver, à l'aide des quatre Evangiles, la *non divinité* de Jésus-Christ et l'extrême *défectuosité* de l'Encyclique de 1864, du défunt pape Pie IX, l'ennemi juré de tout progrès intellectuel. 1 vol. in-32, de 376 pages. Prix : 2 fr., port en sus.

LE GUIDE DU BONHEUR, ou devoirs généraux de l'homme par amour pour DIEU, avec un supplément terminé par une nomenclature générale de tous les établissements et sociétés philanthropiques de la ville de Paris. 1 vol. in-18 (jésus). Prix : 2 fr., port en sus.

LA PHILOSOPHIE SPIRITE, c'est-à-dire psychologique et morale, contenant les principes de la *Doctrine spirite* sur l'immortalité de l'âme, la nature des Esprits, leur destinée et leurs rapports avec les hommes ; les lois morales, la vie présente, la vie future et l'avenir de notre humanité, d'après l'enseignement des Esprits. 1 vol. in-18 (jésus). Prix : 2 fr., port en sus.

LES NOTIONS D'ASTRONOMIE SCIENTIFIQUE, PSYCHOLOGIQUE ET MORALE, ayant essentiellement pour but de prouver l'habitabilité des mondes matériels répandus à l'infini dans l'immensité sans fin, et donnant, en outre, de très-nombreux renseignements sur tout ce qui concerne la science astronomique. 1 vol. in-18 (jésus). Prix : 2 fr., port en sus.

Typ. Ch. Unsinger, 83, rue du Bac.

OUVRAGES DU MÊME AUTEUR

LE CATÉCHISME UNIVERSEL, à l'usage de tout le monde, avec un supplément, ayant pour objectif de prouver, à l'aide des quatre Évangiles, la *non divinité* de Jésus-Christ et l'extrême *défectuosité* de l'Encyclique de 1864, du défunt pape Pie IX, l'ennemi juré de tout progrès intellectuel. 1 vol. in-32, de 376 pages. Prix : 2 fr., port en sus.

LE GUIDE DU BONHEUR, ou devoirs généraux de l'homme par amour pour DIEU, avec un supplément terminé par une nomenclature générale de tous les établissements et sociétés philanthropiques de la ville de Paris. 1 vol. in-18 (jésus). Prix : 2 fr., port en sus.

LA PHILOSOPHIE SPIRITE, c'est-à-dire psychologique et morale, contenant les principes de la *Doctrine spirite* sur l'immortalité de l'âme, la nature des Esprits, leur destinée et leurs rapports avec les hommes ; les lois morales, la vie présente, la vie future et l'avenir de notre humanité, d'après l'enseignement des Esprits. 1 vol. in-18 (jésus). Prix : 2 fr., port en sus.

LES NOTIONS D'ASTRONOMIE SCIENTIFIQUE, PSYCHOLOGIQUE ET MORALE, ayant essentiellement pour but de prouver l'habitabilité des mondes matériels répandus à l'infini dans l'immensité sans fin, et donnant, en outre, de très-nombreux renseignements sur tout ce qui concerne la science astronomique. 1 vol. in-18 (jésus). Prix : 2 fr., port en sus.

Typ. Ch. Unsinger, 83, rue du Bac.

www.ingramcontent.com/pod-product-compliance
Lightning Source LLC
Chambersburg PA
CBHW052050090426

42739CB00010B/2117